お薬師さまと生きる

安田暎胤

春秋社

はじめに

あるとき宗教に関心をもった青年から「薬師寺に参拝して薬師如来の信仰や教えについて知りたいと思い、お寺の売店でそれに関する書物を探しましたが見当たりませんでした。できれば安田長老さんが長年にわたり薬師如来のご宝前で、毎朝五時の勤行を欠かさず勤められた体験を通し、薬師如来について仏像の美術的な解説でなく、宗教的な面から説いた本を出版していただきたい」と懇願されました。

改めて寺の売店を見ると、仏像や建物の造形的なことや人生の生き方などについての著書はありますが、薬師如来の教えや信仰に関する書物は見当たりません。信仰目的で参拝される方の要望には充分に応えていないなあと思いました。

なぜ信仰面についての著書が少ないかといえば、薬師寺を宗教的信仰の寺とみるよりも、文化的な世界遺産としての価値に関心が寄せられているからだと思います。寺は年中行事や月例行事や日々の法務の中で、参拝される方々に対し法要や説法をしていますが、文書による薬師如来の信仰増進についての努力が足りないといえるでしょう。

信仰なき拝観では、博物館や美術館で芸術作品を鑑賞するのと同じです。しかし真善美を尊重し追求するのが人間ですから、薬師寺を文化的世界遺産として拝観されるのも、宗教的信仰心をもって参拝されるのも各人の自由です。

今日の日本人は宗教に対して無関心であり、むしろ恐怖を感じて否定的に眺めているように思います。それは宗教を正しく伝えていない宗教者にも責任がありますが、宗教が原因でいろいろなトラブルを起こす事件が続発しているからです。たとえば家庭の誰かがある宗教団体に入信して家庭の和が崩壊したとか、中近東における武力紛争やテロなどの背景に宗教の違いが要因としてあるとか、宗教は非科学的で信頼出来ないなどの理由から宗教が敬遠されています。

加えて日本政府も戦前の国家神道の弊害を反省し、新憲法で信教の自由を保証しながら、宗教が公共機関や教育に介入出来ないようにしました。日本国の宗教に対する姿勢が、国民の宗教離れの一つの要因にもなっていると思うのです。

新憲法第二十条に「国及びその機関は、宗教教育その他いかなる宗教活動をしてはならない」と制定され、教育基本法第十五条に「宗教に関する寛容の態度、宗教に関する一般的な教養及び宗教の社会生活における地位は、教育上尊重されなければならない」と宗教の必要性を認めながら、「国及び地方公共団体が設置する学校は、特定の宗教のための宗教教育その他宗教的活動をしてはならない」としているのです。

この憲法第二十条と教育基本法第十五条によって、宗教に関しては神経質になり、公立の会館や学校などで宗教家を招いて講演することなども敬遠され、予定をキャンセルされたこともあります。修学旅行で神社仏閣を見学するのも、宗教教育をすることになるのではないかと問題にされることもあるほどです。

かつて薬師寺を文化的な寺としてとらえるか、宗教的な寺院としてみるかが問題になったことがありました。高田好胤師が薬師寺の管主に晋山してまもない頃（昭和四十三年）、金堂復興のためにA新聞社と共催で薬師寺展を開催しようとしました。ただその条件として高田管主は「仏像や宝物を文化財として物的に扱うのではなく、仏様を合掌礼拝する宗教的薬師寺を前面に出す出開帳にしてほしい。そのためには会場内で法要をしたり、法話をしたり、奉納行事などをしたい」と提案しました。

するとA新聞社は「文化的・歴史的・美術的な薬師寺展ならば主催できるが、宗教的薬師寺展ならば主催できない」と断わられたことがあります。その反対する背景には日本国憲法を意識して、特定の宗教の活動に支援するということになると判断したからでしょう。しかし毎日新聞社は「宗教的薬師寺展で結構です」とあっさり引き受けました。

その結果、毎日新聞社と薬師寺が共催で、昭和四十六年に東京の日本橋三越本店で、三越創業三百年の記念と薬師寺金堂復興祈念とを兼ねて、国宝の月光菩薩にお出ましいただき、「月光菩薩展」を開催しました。開催期間二週間に拝観された人数は十万人を超し、一階から屋上まで階段に行列をなす三越創業以来の記録に残る大展覧会になりました。お写経による結縁も二万巻を超し、薬師寺展の期間中の三越は、まるで薬師寺の東京別院のような状態で、三越の売場は薬師寺の門前市のようでした。

毎日新聞社は、文化的薬師寺であれ宗教的薬師寺であれ、薬師寺展が開催できればよいと、あまり神経質にならなかったから共催できたのです。薬師寺を文化的な寺とみるか、人を救う宗教寺院と見るかの判断は各人の自由ですが、奈良や京都の古寺には宗教と文化の二面が備わっているのです。したがって宗教的か文化的かということにあまりこだわらなくてもよかったのです。

高田管主は宗教的薬師寺にこだわりましたが、それには理由があったように思います。昭和四十年頃から日本経済が高度に成長し、人々が浮かれて物的なものに偏り、「物で栄えて心で滅びる」ことを憂い、世の中に警鐘を鳴らす宗教家としての使命を感じての発言だったと思うのです。

寺側が宗教的薬師寺として拝観してほしいと願うならば、見に来られた人に合掌して拝んで帰ってくださるよう、心の転換のお手伝いをし、人々に人格形成の実現に導く努力をするのが宗教者の役目です。そのためには自分自身の人格形成に務めなければなりません。その上で人々に感動を与える怒力が必要です。感動すれば人の心や行動や習慣が変わります。習慣が変われば人格や人生が変わります。人間は変わることができるから素晴らしいのです。凡夫が仏に転換できる教えが仏の教えです。

私は薬師寺に入山してから約七十年になります。今日まで薬師如来のご加護をはじめ、天地自然の恵みのおかげをいただいて生かされてきました。もろもろのおかげに感謝し、八十歳を迎えるに当たり、仏教的知識から遠い一般の方々に向けて、薬師如来に尊敬と親しみを込めて、「お薬師さまと生きる」と題して、『薬師瑠璃光如来本願功徳経』に基づき執筆することにしました。この著が信仰を求める方々の要望に、少しでも応えられればこの上なき幸いです。

著者　しるす

お薬師さまと生きる

目次

はじめに　i

I　お薬師さまの心……3

薬師寺入山　5

なぜ薬師寺の僧侶になったのか
お薬師さまのお導き
朝のお勤め

お釈迦さまとお薬師さまの違い　31

仏さま――如来・菩薩・明王など
三種の仏――法身仏・報身仏・応身仏
薬師如来と薬師寺縁起

玄奘三蔵と唯識の教え　52

玄奘三蔵と慈恩大師
法相宗と唯識
心の「チェンジ」
自己の愚かさや欠点を発見する

お薬師さまの大願　75

お薬師さまの経典――薬師経
薬師菩薩の十二の大願
女人成仏について
救脱菩薩と阿難尊者の問答

お薬師さまのご加護 135
ご祈願が通じて
危難から護られて
お薬師さまの法要 150
毎日の法要
毎月八日の薬師縁日
毎年三月の修二会薬師悔過法要
Ⅱ お薬師さまとともに——白鳳伽藍復興の道…… 171
白鳳伽藍の復興 173

八十年を顧みて
金堂復興の誓願とお写経勧進
企業勧進も得る
金堂復興起工式――「発菩提心、荘厳国土」
お写経道場の落慶
玄奘三蔵のご分骨
悲願の金堂落慶・慶讃法要
難航した西塔復興
真身舎利の奉納
西塔落慶法要
中門落慶と昭和天皇の薬師寺行幸
新たに玄奘三蔵院を建立
玄奘三蔵院の落慶

大唐西域壁画の完成と奉納
大講堂の起工と落慶
食堂の復興と東塔の解体修理
薬師寺出開帳 207
出開帳による薬師寺展の開催——東塔水煙展を始めとして
薬師寺管主に晋山 216
薬師寺まほろば塾
国宝薬師寺展
橋本凝胤長老と高田好胤管主の遷化
あとがき 227

お薬師さまと生きる

Ⅰ　お薬師さまの心

薬師寺入山

なぜ薬師寺の僧侶になったのか

私の生家は浄土真宗西本願寺派の熱心な檀家でした。そうした家庭では毎日家族が揃って読経する習慣があります。私は小さい頃から、祖父母が仏壇の前で朝夕『正信偈』や『御文章』（おふみさま）や『阿弥陀経』を読誦している姿を見て育ちました。夕方のお勤めの時にはまだ小学生であった私が導師となって、節をつけて『正信偈』を読誦し、皆を代表して『御文章』を唱えた経験があります。毎夕ですので『正信偈』や『御文章』は暗唱できるほどになりました。今でも部分的ならば唱えることができます。経典を暗唱できるほど読めば経典が身に沁みこみ、自然に宗教的精神が養われたように思います。

昭和の初期に祖母の精神状態に突然異変が起き、霊能者のようになりました。未来のことを予言したり、病人の体に触れただけで病気が平癒したりして、周りの人々を驚かせました。なぜ祖母が霊能者のようになったかを考察してみますと、祖母の末娘が三歳で逝去したことに原因があったように思います。

祖母は娘の死を悼み悲しみ、死んで娘の後を追いたいと思い続けました。人間の最大の欲望は自分の命の存続である生命欲です。その生命を捨ててもよいと思う人は、一切の物欲もなくなり無欲の境地になると思うのです。ものに執着しない点だけを見れば、仏の心境に共通するところがあるのではないか。祖母も無執着の精神状態になったことにより、神通力が得られたのではないかと思うのです。ならば誰でも命を捨てようと思う人の中から多くの霊能者が現れなければなりません。その違いは神仏を受け入れる素直な性格と、日頃の信仰生活の深さ加減が影響すると思うのです。

祖母の神がかった言動や行動が口コミで広がり、新聞で報道され次々と人が家に訪れるようになりました。ところがその時代は、人が多く集まると秘密結社でも作るのではないかと疑われたようです。そこで憲兵に誤解されないようにするには、家をお寺か教会にするのがよいと助言を受けました。

単立寺院の許可が得られない時代でしたので、どこかの本山の末寺に所属しなければなりません。安田家の信仰から見れば、宗派は浄土真宗に所属すべきでしょうが、浄土真宗では加持祈祷などは許されません。活動内容からみれば密教系の真言宗か天台宗に入るべきでしょう。どこの本山の末寺として認可を得るのがよいか悩んでいたところへ、「奈良の薬師寺が教線拡張のために末寺を増やす働きをしている。薬師寺でよければ紹介しよう」という人が現れ、薬師寺との本末関係のご縁が結ばれました。

現在薬師寺は法相宗の大本山ですが、奈良時代から伝わる奈良の諸大寺は、学問寺として江戸時代まで特定の宗派を標榜せず、南都薬師寺とか南都法隆寺、南都東大寺などと呼称されていました。（南都というのは京都の南にある旧都である奈良を意味します。）したがって南都の諸大寺は、三論宗・法相宗・倶舎宗・成実宗・華厳宗・律宗に真言宗と天台宗を加えた八宗すべてを兼ねて学ぶ総合大学のような寺でした。しかも天皇の勅願で創建された格式の高い寺として僧侶の気位も高く、平民からは入れず、貴族の人が多かったようです。

しかし明治新政府の方針で南都の諸大寺も、明治五年に一つの宗派を標榜するようにと命ぜられました。廃仏毀釈もあり弾圧を受けて僧侶が還俗し、寺に住む僧侶も少なくなりました。仏教界にとっては苦難の時代でした。そうした時には一般庶民の中から名僧や傑僧が輩出してくるものです。

政府の突然の命令により、一時的に薬師寺と法隆寺と唐招提寺は真言宗に、東大寺は浄土宗に所属しました。しかし歴史的な見地からみて奈良時代に創建された寺が、平安時代や鎌倉時代に開宗された新しい宗派に所属するのには違和感があり、そのため六宗の中から選ぶべきとの運動が起こされて、法隆寺と興福寺と薬師寺が法相宗を、東大寺は華厳宗を、唐招提寺は律宗を、西大寺は真言律宗を標榜するようになりました。

法相宗の大本山となった薬師寺は末寺を必要としました。しかし法相宗の根本教義である唯識教学は、煩瑣な学問であるため一般大衆への布教は難しいと考え、真言密教的な行法や行事を取り入れました。そして少しでも多く末寺を増やすため、宗派に所属せずに加持祈祷などの宗教的活動をしている人がいれば、薬師寺への入宗を勧め末寺としたのです。そのような時代であったがゆえに祖母の寺も受け容れられたのです。現在ある薬師寺の末寺の大半が同じような縁で結ばれています。

安田家では、さっそく家の中を寺院風に改造し、薬師如来の座像を本尊として安置し、右脇侍に阿弥陀如来の立像、左脇侍に逝去した娘を地蔵尊（秘仏）として安置しました。寺の名前を祖母は真仏寺としたかったようですが、寺にする機縁が娘の供養をすることでしたので、真仏山地蔵寺としたようです。

法相宗の末寺となっても、地蔵寺では法相宗の経典を読まず、従来通りの『正信偈』や『御文章』や『阿弥陀経』を読誦し、南無阿弥陀仏の名号を唱えていました。来訪する信者に対しても、「自力ではいけない、お他力でなければ救われない」と他力本願による信仰生活の大事さを説いていました。したがって地蔵寺は表面上法相宗の寺でありながら、信仰は浄土真宗的であり、活動は密教的な加持祈祷をする多神教的な寺でした。

寺としての認可が得られたことにより、堂々と活動ができるようになりました。だが祖父は、「ここは肉体の病を治すところではない。肉体の病を治したい方は病院に行くように。ここは心の病を治すところだ」と祖母の行う加持祈祷を抑制し、病気で来訪する人々に諭すように語っていました。祖父は祖母の行動が医師の領域に入っていることを心配していたのかもしれません。

地蔵寺の縁日は、毎月十日（娘の命日）と二十七日で、縁日には午前午後と二回お説教がありました。お説教は祖母がするのではなく霊媒によるものです。霊媒となる人が参拝者全員と、南無阿弥陀仏の念仏を大合唱しているうちに意識が変わり語り出すのです。霊媒になる人は仏教の知識のない一般人であるのに、二時間も休まず午前午後と二回大きな声で語り、参拝者を魅了していました。語った本人は何を語ったのか全く記憶になく、語り終わった後にテープに録音された自分の話を感心して聞いているのです。

霊媒になる人が普段のとき私に向かって、「あんた方は説教するのに勉強しなければならないので大変でしょう。私は何も勉強をせず、新聞でも読むのはスポーツ欄ぐらいです。しかし目を閉じて念仏を唱えていると仏様か神様が体に乗り移り、私の口を借りて語ってくださるので、今日は何を話そうかと話す内容に心配したことはない」と体験談を語ってくれました。あるいは霊媒者は川で水難にあった人を探すのにその居場所を当てるなどの透視能力もありました。

こうした遠隔地までのことが見える能力を天眼通といい、神通力の一つです。神通力には六種あり、現代風にいえば超能力です。その六種とは次の通りです。

神足通（空を自由に飛行したり、変身したりする能力）

天耳通（あらゆる音を聴く能力）

天眼通（どんなものでも見通す能力）

他心通（他人の考えていることを知る能力）

宿命通（過去世の生存の状態を思い出す能力）

漏尽通（自己の煩悩が尽きたことを知る能力）

こうした神通力をお釈迦さまも持っておられましたが、弟子にはあまり使わないように諭されていました。なぜなら仏教の目的は人格の完成にあり、不思議な能力をもって自慢することではないからです。

霊媒による説教を聞くため縁日には多くの参拝者が集まり、家の中に入りきれず、あふれた人は庭に席を設けて対応しました。三月と八月には、本山から管長を招き説法がなされていました。当時、橋本凝胤管長に随行していた高田好胤師は「地蔵寺に行くと、頂くお布施が重たかった」と懐想されるほど、地蔵寺からのお供えは多かったようです。

私はこうした神通力による現象を幼い頃から見聞し、それらを半信半疑で眺めていました。目に見えない神仏や精霊などの存在を否定して疑う一面と、目に見えないが不思議な世界もあるものだと信じる一面がありました。

祖母が行う加持祈祷や霊媒による説教の形態はシャーマニズムであり、古代から現代まで全世界的に見られます。シャーマンは日本でも東北地方のイタコ、沖縄のユタ、修験道の山伏や新宗教の教祖などに見られます。科学文明の発達しない時代の権力者は、シャーマニズムと深く関わっていたようです。

現代ではシャーマニズムに対する一般の評価は低く扱われていますが、私には抵抗なく受け容れられるのです。目に見えない神仏の存在を信じ、敬虔な祈りを捧げることは、世界の宗教の共通する点です。私は神仏や精霊と交流するシャーマンには、宗教の真髄的な一面があると思っています。そのように私がシャーマニズムを否定的に見ないのは、幼い頃からの環境によるものだと思います。奈良の寺での伝統行事も、国家の繁栄や万民の幸福を仏に願う祈りであり、ある意味でシャーマニズムと大差がないように思います。

お薬師さまのお導き

中学一年生になった昭和二十五年四月に、薬師寺の修二会花会式に参拝して帰ってきた祖父母が、「薬師寺の管長（橋本凝胤）さんから息子（私の父）はいやいや坊主になったので、孫を若いうちに寺に寄こしなさい、順番からいえば兄貴からかな」と薬師寺に弟子入りの誘いを得て、帰宅しました。坊さんになることは、それまで家族で話題になったことはなかったのです。兄は即座に「坊さんなんか絶対なりたくない。いやだ」と拒否し、私も近くの寺の坊さんの姿を連想して、髪の毛を剃り、衣を着て葬式をするのが坊さんの仕事と思い、最初は拒否していました。坊さんに対する印象が悪かったのです。

今の日本で幼少の頃に僧侶になることを勧められ、坊さんになりたいと思う子供は、よほどの偉人か、もしくは変り者と見られます。坊さんになりたくないと思う子供の方が正常でしょう。それは現在の日本の僧侶に魅力がないからです。お寺といえば墓を、坊さんといえば葬式を連想するのが現在の日本人です。子供に死者を扱う仕事を勧めても、喜んで受ける子供はいないようなものです。魅力のないところには人は集まりません。

奈良時代の僧侶はエリートであり、希望者が多く僧侶になるには国家試験がありました。今日の東大や京大の国立大学に入るほど狭き門でした。今日でも法隆寺や東大寺や興福寺や薬師寺は一般の寺院と異なる習慣があります。たとえば、境内にはお墓はなく、お葬式の導師は務めません。死者を不浄とみて避けたのです。近親者に死者が出れば一定期間、法要には出られないのです。あるいは、タイやミャンマーやスリランカでは坊さんが黄色の衣を着て、颯爽と托鉢をして歩く姿に合掌して迎えます。僧侶は人から尊敬され拝まれる対象でもあるのです。そうした社会では、坊さんになるのは憧れであり希望者も多いのです。日本では僧侶に魅力がなく、優秀な人が集まらないのは、現在活動をしている僧侶に責任があると思います。

それでも何とか坊さんにさせたいと願う家族の人たちは、私たち兄弟を熱心に説得しました。「薬師寺の管長さんは日本で一番偉いお坊さんや」とか、「昔は坊さんが偉かった」とか、「普通の寺の坊さんとは格が違う」とか。あるいは母が私の小学校四年生から六年生までの担任であった先生に偶然出会い、坊さんになることを相談したところ、「安田君は真面目で素直な子だから坊さんになるのが一番相応しいです」と強く推薦されたとか。さまざまな励ましの言葉によって、徐々に洗脳され「僕が行ってもいいよ」と返事をしました。

なぜ私は拒否していた僧侶になってもよいと心変わりしたのかといえば、単純なことからです。お釈迦さまのように人生の苦悩を解決するなどの宗教的情熱に燃えたものではなく、自分は二男であり、いずれはこの家を出なければならない身であると思ったことと、なんとなく奈良に憧れを感じていたからです。

それに今から思えば、私は幼くして両親を亡くした不憫な子供でした。実母は私を産んだことが原因で、間もなく体調を崩して子供の行く末を案じつつ逝去し、父は私の幼稚園生の時に出征して、西部ニューギニアで戦死しました。両親を早く失ったことは、無意識のうちに「生者は必滅し世の中は無常なもの、寂しさや苦しさを耐えて生きていくのが人生である」ということを肌で感じ、僧侶の道を選ぶ機縁になったのかもしれません。

私の返事を聞いて一番喜んだのは祖母でした。「やっぱり繁弘（幼名）か。管長さんが順番からいけば兄貴かなと言われたけれど、分かりませんよと返事をしておいた」といって、結果を見通していたかのように微笑んでいました。

それから近年になって叔母から聞いた話ですが、私の赤子の頃に祖母が私を抱きながら「この子はひょっとすると将来、薬師寺の管長さんになるかもしれんよ」と予言していたようですが、的中したわけです。

話がまとまり弟子入りの返事をするため、四月二十九日の薬師寺岐阜別院で催される花会式に参拝し、「私がお世話になることになりました。どうぞよろしく」と挨拶をすると、すぐに来るようにといわれ、その早さに驚きました。さっそく衣類や勉強道具など必需品の準備をし、昭和二十五年五月五日の子供の日、十二歳のときに岐阜の生家を後にして入山しました。弟子入りの誘いを受けて入山するまでの期間は一か月でしたが、自分にとっては正しく晴天の霹靂という感じでした。しかしこれも今から思えばお薬師さまのお導きであったのかと思うこの頃です。

朝のお勤め

昭和二十五年頃の薬師寺は今日と比べると寂れた寺でした。寺は田園に囲まれた中にあり、春にはカエルの合唱で賑やかでした。寺の住人は師尚と五人の弟子と、台所の調理をする師尚の縁戚にあたる老女だけでした。職員は一人もなく参拝に訪れる客もまばらでした。山内の塔頭には在家の人が住んでいました。

師尚の橋本凝胤師は明治三十年に、奈良県生駒郡平群村で、東家の二男として生まれました。幼名を東常太郎といい、八歳のときに出家し、法隆寺の住職である佐伯定胤師の元に弟子入りしました。しかし先輩と共に修行するのには幼な過ぎるということからか、佐伯定胤師が住職を兼務していた薬師寺の弟子とし、東凝胤となって法隆寺と薬師寺を往来していました。凝胤の僧名は師尚の佐伯定胤師の胤の一文字をいただいたものです。その胤の文字を尊重されてか、凝胤師は自分の弟子すべてにつけました。好胤・良胤・秀胤・了胤・冲胤・誠胤・暎胤・昌胤・法胤・太胤・明胤・充胤・賢胤・朝胤などです。

凝胤師は小中学校を奈良で学び、大学は東京に出て大正大学や東京大学で学びました。東京に出たのは「田舎の勉強より都の昼寝」といわれるように、田舎で勉強するよりも都で昼寝をしていた方が良い勉強になる、ということからのようです。

佐伯定胤師が薬師寺と法隆寺の兼務住職を離れ、薬師寺住職を橋本隆遍師に譲り、凝胤師は東の姓を橋本に変え橋本凝胤と改名しました。凝胤師は橋本隆遍師の遷化後、昭和十四年に四十二歳の若さで薬師寺の住職に晋山し、寂れた荒れ寺を復興しようと情熱を燃やしました。しかし昭和十六年に「大東亜戦争」が勃発し、日本国民が「一億火の玉」となって戦い、日本全土が焦土と化し、敗戦の憂き目にあいました。そうした情勢の中では、一寺院の復興を願う勧進活動などできる状態ではなくなりました。そこで凝胤師は弟子の教育に専念し、成長した弟子に自分の伽藍復興の夢を託すことにしました。

弟子を教育するためには自分自身をも厳しく律しなければならないと、師尚の佐伯定胤師のごとく、戒律堅固にして肉食妻帯をしない厳格な生活に徹しました。「戒はこれ安穏第一の法」といって、坊主は戒律さえ守っていれば安穏な生活ができるとよくいわれたものです。したがって弟子に対する教育は厳しく、叱ることを常とする怖いお方でした。あるいは徳川夢声氏と週刊朝日の「問答有用」というタイトルの対談で、凝胤師が天動説をとなえ夢声氏を驚かすような傑僧でもありました。

薬師寺での修行はまず朝の勤行から始まります。師尚は朝五時の勤行に出仕することを弟子教育の根幹にしていました。弟子は師尚が起きて洗面場に向かう足音を聞いて起きるのです。もし気付かずに寝ていたならば布団の上から蹴飛ばされました。蹴飛ばされても起きず怠けて堂参しなかったりすれば、「お薬師さんに参らんようなやつは飯を食う資格はない」ときつく叱責され、朝食を食べさせてもらえませんでした。若い頃は早朝の勤行が一番辛かったのです。

勤行は金堂内の梵鐘（現在は鐘楼の梵鐘）を撞き、薬師三尊の宝前で『般若心経』『法華経寿量品』『薬師経』を唱え、その後に諸堂を巡拝し、最後に本坊の仏間で『般若心経』を読経する、全体で三十分程度の短い時間でした。朝の勤行が小僧時代の修行の基本であり、後年になって堂参し本尊の前の導師座に座ると、小僧時代のことが懐かしく思い出され心が引き締まります。

仏前で敬虔な祈りを捧げ、礼拝し読経をする意義は、小僧時代あまり考えたことはありません。ただ辛い忍耐の修行だと思って続けていました。仏像を拝むことは、イスラム教やキリスト教では偶像崇拝として禁止されています。しかし礼拝の対象を無視しているのではありません。

イスラム教徒は地球上のどこにいても日に五回マホメットの生地であるメッカの方を向いて礼拝します。メッカが礼拝の対象になるのです。キリスト教徒は十字架をみれば崇拝し、心を引き締めます。曹洞宗では仏像を背に壁に向かって坐禅をされますが、諸仏諸菩薩の像にも礼拝されます。信仰の対象として何かを求めるのが人間の性です。仏像は単なる偶像でなく、平素、仏のことを忘れている私たちに、仏の教えや存在を気づかせる鏡であり窓だと思うのです。仏像の造形美に感動するのではなく、仏像との出会いによって自己の仏性を追求するのです。

昭和四十八年頃、寺の僧侶が差別発言をしたといって、部落解放同盟から糾弾を受けたことがあります。解放同盟の人々は、「問題発言をしたのは本人だけの責任ではない。橋本凝胤さんは人権擁護委員なのにどういう教育をしていたのか、薬師寺の教育にも責任がある」と、寺の責任者である高田好胤管主と執事長の私も呼び出され、糾弾を受けました。その問題は解決しましたが、そのなかで、心の琴線にふれる解放同盟の人からの発言がありました。それは「真の宗教家になってくれ」という言葉です。なぜかその言葉が心に沁みこみ、その後の私の生活に変化をきたしました。

真の宗教家とは何をすることかを思案しました。薬師寺の僧侶としてまずしなければならないことは、自分の生活を正すこと、それには朝の堂参をきっちり勤めることであると思いました。たとえどんなに前晩遅くまで仕事をしたため翌朝に早く起きるのが辛くとも、必ず欠かさずに勤めようと心に誓いました。小僧時代は師尚に叱られるので仕方なく起きていましたが、歳を重ねて生活に慣れてくるとマンネリになり、体調を考え、時にはお勤めを欠席することもありました。入山した頃の緊張感も薄れ、初心を忘れかけていたのです。

そこで糾弾を受けた翌日から平成二十一年の住職を退任するまでの三十一年間、寺外に出張する日を除き、寺にいる限り朝の勤行を一日も欠かさず続けました。五時の勤行が時々、十分か二十分も遅れて、そのため毎日数分の誤差がありましたが、私は時報に合わせて、きっちりと五時に鐘を撞くようにしました。しかもそれまでは三十分くらいの勤行であったのを一時間に延ばし、読誦する経典も『唯識三十頌』『観音経』『阿弥陀経』などを加えました。そうした生活を数年続けた時に、師尚の凝胤師は「これで朝の勤めは、おまえがきっちりと続けてくれるだろう」と安心されたようです。毎日の勤行を重視するのは、幼い頃から岐阜の生家で読経していたことも影響しているかもしれません。

勤行の後は本坊の掃除です。奥座敷や師尚の部屋や自分たちの部屋を掃き、廊下の雑巾がけ、砂利を敷いた石庭に熊手で線を描くなどを手分けして行いました。掃除が終わるとやっと朝食です。朝食は白粥に辛い漬物だけのものです。昼食は前晩のご飯とおかずを弁当箱につめて学校で食べますが、時には腐りかけた弁当もありました。夕食は一汁一菜ではなく一汁があれば一菜はなく、一菜があれば一汁はない、一汁か一菜かの精進料理でした。

夜九時頃になると弟子全員が師尚の部屋に集まり、お茶とお菓子をいただきながら団欒をしました。そこには家庭的な雰囲気があり、師弟の心の交流の場でもありました。たまには来客も同席し会話が弾みました。喫茶が終わると睡眠の時間です。寝る敷き布団は煎餅のように薄く、上布団は湿気て重く、毛布はあっても毛はなく布だけのようなものでした。奈良の冬は底冷えがして寒く、歪んだ柱に襖が合わず隙間から冷風が入ります。もちろん部屋に暖房はなく、夜に勉強する時は毛布を頭から被り、部屋を照らす裸電球に手を当てて寒さを凌ぎました。

現在の薬師寺の生活から見れば、レベルは大きく異なりますが、今から思えば当時の薬師寺が貧しかったから良かったと思います。貧しかったがゆえに将来は立派な寺にしようとする情熱も湧きました。もし最初から優雅な生活をしている寺であれば「小人、閑居をして不善を為す」のことわざ通り、怠け者になってしまっていたかもしれません。人生すべからく苦あれば楽あり、楽あれば苦あり。苦は楽の種、楽は苦の種です。

あるとき師尚が金堂で「この金堂は仮堂や、そやさかい本来の堂に戻さないかん。金堂が出来たら次は西塔や」と、まだ高校生であった頃の私に願いを託すように語られました。そういう期待を込めて弟子の指導には厳しく、言動や行動は暴力的とさえ言えるものでした。それも逞しい人間を育てるための方法であったのでしょう。厳しさのあまり寺を去った弟子もいました。

筆頭弟子の好胤師は「親爺（師尚）さんの弟子に対する教育は、弟子に対する人権無視も甚だしい。それにもかかわらず人権擁護委員になり、しかも連合会長を長く勤め藍綬褒章まで受章するとは」と、笑いながら師尚の厳しかった教育を懐かしそうに語っていました。師尚に対して失礼な発言のようですが、そういうジョークを言えるほど真の親子のような間柄でもあったのです。しかし厳しい教育のおかげで今日の自分があると深く感謝もされていました。

昭和二十四年に副住職として就任した好胤師は、貧しい寺の経済状況を考え、安定した生活が出来るようにするため、凝胤師との間で次のような会話のやりとりがありました。

好胤師「寺の収入だけでは生活ができないので、学校の先生にでもなって収入を得たいと思いますが、どうでしょうか」

凝胤師「二足の草鞋を履くな」

好胤師「二足の草鞋を履かなかったら食べていかれしまへん」

凝胤師「そんなら食べんといたらええやないか」
好胤師「食べなかったら死んでしまうやないですか」
凝胤師「そんなら死んだらええやないか。おまえが一生懸命、坊さんの道に精進しても食べられんで、死んでも、おまえに罰は当たらん。食べさせなかった世間の人に罰が当たるだけや、そやさかい安心して死ね」

師尚に先生になることを反対された好胤師は、どうすれば安定した生活が出来るのかを思索しました。寺への参拝者は少ないけれど皆無ではない。寺に参拝に来られた方々に親切に案内をしよう。自分は日本一の名僧にはなれないけれども、日本一の案内坊主にならばなれるかもしれないと思い、そのことを師尚に相談したところ、「それはええことや、しっかりやりなはれ」と励まされました。

師尚から励まされた好胤師は、毎日伽藍に出て参拝者に懇切丁寧に案内を続けました。私の入山した頃のことです。たまには修学旅行生の拝観もあり、ユーモアを交えて案内すると笑いを得て、次の年の案内も頼まれるようになり、リピーターの学校が増えてきました。評判が良く旅行社が他の学校にも呼びかけをするようになり、徐々に拝観者の輪が増幅され、好胤師の案内は一躍有名になりました。

修学旅行生から好胤師の案内に感動し、多くの礼状が毎日届くようになりました。礼状を読むと一日の疲れが癒されたようです。数ある中学生の礼状の中に「寺は金閣、庭は竜安寺、坊さん薬師寺、ベリーグッド」というユニークなものもありました。好胤師の後、寺のガイド説法を今日まで若い僧が続けており、評判が良くインターネットで「お坊さん」と打ち込むと、薬師寺の僧侶が出てくるほどになっています。好胤師は副住職の在任中十八年間に約六百万人の修学旅行生に案内しました。

十数名の弟子を育てた凝胤師は、その中から一人ぐらい自分と同じく戒律堅固にして肉食妻帯をしない者がいないかと期待されましたが、次々と結婚をしたことにより、せっかく立派な僧侶にと思い厳しく育てていただいたのに期待に応えられず、師尚には申し訳ない気持ちになりました。

薬師寺は創建以来、千三百年の歴史の中に栄枯盛衰がありました。今日まで継承されてきたのには先人の努力や諸条件が揃ってのことです。その条件の一つに薬師如来が災難に会いながらも、ブロンズ製であったために残ったことや、美しい東塔が奇跡的に焼け残ったことです。金堂が焼けて露座になったお薬師さまを雨露から守らねばならないと、先人たちは仮堂を建て維持してきました。

もしお薬師さまの像が溶けてなくなってしまったり、七堂伽藍の全てが焼失してしまったりしていれば、寺の復興などへの意欲は湧かず、寺の継承のための努力はされなかったかもしれません。お薬師さまや東塔の存続は寺の継承のための励みの力となったと思うのです。災難に会えばそれをばねとして改善のために精進するか、それとも災難に怯えて努力を諦めるかでは大きな差がでます。

お釈迦さまとお薬師さまの違い

仏さま――如来・菩薩・明王など

仏教はキリスト教やイスラム教のように一神教ではありません。ある女性から「キリスト教は拝む対象は一つの神さままで分かりやすいのですが、仏教はいろいろな仏さまがあって、どの仏さまを拝んだらよいのか迷います。なぜたくさんの仏さまがあるのですか」と質問を受けたことがあります。確かに仏教は多神教で拝む対象が多くあり、信仰するのに戸惑いを感じられたのでしょう。

仏教はインドの釈迦牟尼如来《しゃかむににょらい》によって創設された宗教ですが、インドには仏教以前から古い宗教があり、その神々も取り入れたものが日本に渡来してきました。伝来の過程でいろいろな国を経由し、それらの国の神々も加わりさらに複雑になりました。そのため「釈尊に帰れ」という運動を起こす宗教家もいます。しかしそれぞれ神仏の発生にはそれぞれの縁起があり、長年にわたり信仰してきた対象を、釈尊のみに限定するのは容易ではありません。寛容な精神の持ち主である東洋人は、それぞれの神仏の縁起を尊重し容認してきたのです。

仏教では信仰の対象を分類しますと、如来部・菩薩部・明王部・天部・その他の五種類になります。

如来とは修行を完成し理想的な人格を自覚したお方のことです。その如来にも釈迦如来・薬師如来・阿弥陀如来・大日如来・その他あまり聞いたことのないような仏様も経典の中に出てきます。仏様の名を列挙した『仏名経』には過去に千仏、現在に千仏、未来に千仏と、あわせて三千仏もあります。また如来のことを応供・等正覚・明行足・善逝・世間解・無上士・調御丈夫・天人師・

仏・世尊などと呼称することもあります。

菩薩とは悟りを求める心をおこして、自らの修行の完成と一切衆生の救済のために、六波羅蜜（布施・持戒・忍辱・精進・禅定・智慧）の行を実践して成仏を目指すお方のことです。有名な菩薩としては阿弥陀さまの脇侍である観世音菩薩や勢至菩薩、お釈迦さまの脇侍である文殊菩薩や普賢菩薩、薬師如来の脇侍として働く日光菩薩や月光菩薩などがおられます。それに釈尊の滅後から弥勒如来がこの世に出現するまでの五十六億七千万年の間、六道（地獄・餓鬼・畜生・修羅・人間・天）を輪廻して苦しんでいる衆生を救うお働きをされている地蔵菩薩や、釈尊の入滅後から五十六億七千万年の間、兜卒天に住み修行されている弥勒菩薩などがおられます。

菩薩は人の救済のために一生懸命努力する方のことですから、日本にも奈良時代に道昭菩薩や行基菩薩のように、橋を架けたり、灌漑用の溜池を作ったり、土木工事をして人々を救済したことで、菩薩と呼称される人もおられます。現代でも世間を見渡せば、医学・科学・平和問題などいろいろの分野で人類の幸福のために貢献されている人々、たとえばノーベル賞を受賞されるような方々も立派な菩薩といえるでしょう。

高田好胤管主は「永遠なるものを求めて　永遠に努力する人を菩薩といふ」と、名言を残しておられます。

明王とは霊的な知力の優れた神格者で、教化し難い衆生を畏怖させて従わせるために、大日如来の命令を受けて忿怒の姿に変化して諸々の悪を退治するお方のことです。不動明王・愛染明王・軍荼利明王・大威徳明王・金剛夜叉明王・降三世明王・孔雀明王などの諸尊がおられますが、不動明王がよく知られていると思います。

天部とは古いインドの神話に出てくる神さまが、仏教の守護神として取り入れられたもので、六道輪廻する迷いの世界におられる神さまです。天部には梵天・帝釈天・四天王（持国天・増長天・広目天・多聞天）・摩利支天・弁財天・

阿修羅天・大黒天・吉祥天・韋駄天・聖天・夜叉天・竜王天・金剛力士天などと数多くあります。天部は人間界に近いため、商売繁盛など人間の世俗的な要望によく応えてくださるとのことで参拝する人が多いのです。

日本人は昔から八百万《やおよろず》の神を信仰してきた習慣があり、多神を抵抗なく拝んできました。仏教の仏さまも、そのように受容してきました。ある熱心なキリスト教徒の方が、「キリスト教は一神教で他者が信じる神を認めないで排他的といわれますが、本当の一神教とは、キリスト教徒の信ずる神さまも、イスラム教徒の信ずる神さまも、仏教徒が信ずる神仏も、みな同じ一つの神さまですということです。つまり私が信じる神さまとあなたさまの信じる仏さまは同じ神さまです」と話されたことがあります。そのように広い心で神を受け取る言葉を聞いて一神教に対する認識が変わりました。

仏教もいろいろな仏さまがおられますが、名前が違うだけで慈悲の心を抱いて人々を救済するお働きをされている点は同じです。それを「仏仏平等」と言います。ちょうど一軒の家の窓を外から眺めているようなもので、外見はそれぞれ違う窓ですが、中に入れば同じ空間であるようなものではないか。富士山に登るのにいろいろな道がありますが、登り詰めれば同じ山であったというようなものです。それぞれの神仏に向かって礼拝する時には、対象となる神仏の名前は異なっても、その奥に存在する偉大で神聖なものは同じだと思うのです。

日本の神道のご神体は神話に出てくる人物や、歴史上に実在されて功績のあった人物を神として祀られています。しかし山や岩や滝や大木に精霊が宿り、それらをも神様として礼拝するところは、外国の方には理解されにくいのかもしれません。

数年前に世界宗教者平和会議の一員として、イランでイスラム教の精神的指導者を訪ね、平和問題について語ろうとしましたが、最初から私たちの話に全く聞く耳を持たず、「仏教は人間が説いた教えであるが、イスラム教は神の啓示であり、イスラム教の神の啓示の方が素晴らしい。やがて世界中がイスラム教になるだろう」と仏教を見下げ、我々の発言を無視されました。

しかし海外で長年生活した経験のある別の指導者を訪ねて話をしましたら、彼は「海外で生活をしていた時に、キリスト教や仏教に関する本を読んだが、内容はイスラム教とよく似たものであった」と、寛容な心で我々を迎え食事の接待を受ける温かい応対をしてくれました。同じアラーの神を信仰している人の中でも、受け止め方に違いがあり、心の持ち方に相違があると思うのです。

またイラン・イスラム共和国の元首であった、ルーホッラー・ホメイニ師の家を訪問見学しましたが、質素な家であったのには驚きました。彼の書いた著書の中に、「諸悪の根源は自己中心的欲望にある」と述べていました。トランプ大統領のアメリカファーストは、その典型ともいえましょう。仏教でも「仏法とは無我にて候」という言葉があるように、自我を捨て無我になることを強調します。自我とは自己中心的な欲望のことです。仏教ではこの自我が四六時中活動し、苦悩の原因になっていると説いています。宗教によって教え方に多少の差はあるにしても、教えの根本精神は同じであることをイスラム圏でも再確認しました。

三種の仏――法身仏・報身仏・応身仏

さて、お薬師さまとお釈迦さまの違いについてですが、一番はっきりしている違いは、お釈迦さまは歴史上に実在した私たちと同じ姿の人間で妻子もあり、その妻子を捨てて出家修行をした結果、理想的な人格を身につけて仏となられたお方です。それに対しお薬師さまや阿弥陀さまは、地球上に生身の体で実在したお方ではありません。優れた神通力を持ったお釈迦さまによって感得された仏さまであるところが根本的な違いです。

するとお薬師さまや阿弥陀さまは、特定の人によって感じられただけで、誰にも見られないならば、一般の人から見れば架空の仏さまと言われるかもしれません。しかしお釈迦さまは人間から仏になられた絶対者です。そのお釈迦さまの教えには間違いはありません。その教えを信じる人によって今日まで伝えられて来たのです。心というものは目に見えませんが存在するように、あるいはテレビやラジオの電波は目に見えませんが、受信機があればキャッチできるようなものです。凡人には見えないが、神通力を持たれた偉大なお方には、その存在をキャッチできるのでしょう。こうした不思議で神秘的な一面が宗教にはあると思うのです。

しかしながら、仏教学者の中には、仏教というものは理路整然と説かれており、凡夫がそれをよく理解納得し、修行を積み重ねて仏に成る教えである、と断言する方もおられます。目に見えないものを信じさせたり、人間の考えが及ばない不思議な世界を説いたりするものではない、との考えをお持ちの学者もおられます。

たしかに釈尊の教えは迷いを転じて悟りを得ることを目的としており、その意味で神秘性などは否定されます。それが本来の仏教の姿なのでしょうが、現実に行われている日本仏教界は念ずる力を大事にしています。浄土系では「南無阿弥陀仏」と念仏を唱えることによって、西方極楽浄土に往生出来ると信じています。日蓮系では「南無妙法蓮華経」と唱えるお題目の力によって、物事が成就できると信じています。密教系では護摩を焚いて諸願成就を念じます。

このように念ずる力によって願いが叶うというのは非科学的かもしれませんが、世界の宗教者が一堂に会したときには、共に世界の平和を祈ります。「祈ったくらいで平和が本当に訪れるのか」と揶揄されることもありますが、世界のすべての人が同じ気持ちになれば平和は確実に実現します。「心は行動より優先する」という言葉のように、平和を祈る心が平和を築く基礎になるのです。

奈良時代から伝わる奈良の寺院の伝統行事も、国家の繁栄、五穀豊穣、天下泰平、諸願成就、平等利益などを祈念するものです。念ずる力は目に見えませんが、念派となって効果をもたらすのでしょう。日本人で世界一のスーパーコンピューターを作った人がいますが、理系の人でありながら霊力の存在を否定しません。やがて念力とか霊力の不思議な力も解明される時が来るかもしれません。

『十地経論』の巻三に、「一切の仏に三種の仏あり、一に法身仏、二に報身仏、三に応身仏なり」とあります。

法身仏とは地球の誕生以前からおられ、全宇宙をあまねく照らす仏であり、永遠に変わらぬ教えや全宇宙の真理そのものを仏とみるのです。東大寺の大仏さまは毘盧遮那仏（密教では大日如来）と呼称されていますが、法身仏に相当します。報身仏とは阿弥陀さまやお薬師さまのように、人の思いを超えた深い願い（大願・本願）を抱いて修行したことが原因となって、その原因が報われて結果として仏になられたお方です。応身仏はお釈迦さまのように、歴史上にこの世に実在し、修行をして仏となり人間に応じた姿で人々を救うお方です。

したがって、お薬師さまとお釈迦さまを三身仏でみれば、お薬師さまは報身仏であり、お釈迦さまは応身仏という区分になります。繰り返しになりますが、法身仏や報身仏は一般人の肉眼で見ることが出来ません。応身仏のお釈迦さまも、すでに入滅されておりこの世では直に会うことは出来ません。

お釈迦さまの在世中には、お釈迦さまに会うだけで悟りが得られたといわれます。しかしお釈迦さまの入滅後はお釈迦さまにまみえることは出来ません。そこでお釈迦さまは晩年、弟子たちに向かって「私の入滅後、私に会いたいと思えば、私の誕生の地であるルンビニー、悟りを開いたブッダガヤー、初めて教えを説いたサールナート、涅槃に入ったクシナガラを巡礼するがよい。そうすればそこで私に会うことが出来るであろう」と言われました。この遺言を信じて弟子や信者たちは、この四つの聖地を巡礼するようになりました。

さらに巡礼しなくても何時でも会える方法として、お釈迦さまを象徴するものを制作するようになりました。人間を超えたブッダを人間と同じ姿で表現するのは畏れ多いため、お釈迦さまのお骨である舎利を祀る仏塔、菩提樹の下で悟りを開かれたということで菩提樹、座っておられることを意味する玉座、立っておられると信じて仏足石、または説法を意味する法輪などを、お釈迦さまと崇め礼拝しました。

ところが紀元一世紀頃、ギリシャ文化の影響を受け、仏像が誕生するようになり、いろいろな仏像が制作されました。親鸞聖人は礼拝する場合に「仏像よりは絵像、絵像よりは名号」といわれましたが、それは形に捉われるからだと思います。人間はどうしても造形美に捉われがちになります。仏像から何らかの力を受ける人がいますが、仏像は、仏や仏の教えを思い出すための方便であり、いわば自分を見つめる鏡であり、仏を眺めるレンズと見てもよいと思うのです。

私はお薬師さまの前に坐ると敬虔な心になり、心が洗われるような気分になります。仏像というレンズを通して自分の心を見つめ、自分の至らなさを反省するのです。日によってお薬師さまの表情が変わって見えます。ある時は笑顔に見えたり、ある時は凛々しく見えたりしますが、これは自分の心の反映だと思います。

「信は荘厳より起きる」といわれるように、礼拝する環境や雰囲気は大切です。雨漏りして朽ちかけていた仮金堂に較べ、多くの人がお写経をされ、その納経供養料によって成就した新金堂は、明るく美しく厳かであり、お薬師さまも喜んでくださっているようにお見受けします。それもこちらの気分によるものでしょう。

薬師如来と薬師寺縁起

薬師寺は第四十代天武天皇が、西暦六八〇年に皇后の病気平癒を願い、ご本尊を薬師如来とした寺の建立を発願されました。皇后の病は平癒されましたが、寺の完成を見ずして六八六年に天武天皇は崩御されました。皇后は夫の愛情に感謝し、持統天皇となって未完の薬師寺建立を継承し完成されました。したがって薬師寺はご夫婦愛の結晶ともいえる寺です。

また第七十三代の堀河天皇が、一一〇七年に皇后の病気平癒を願い、お薬師さまに祈願されたところ平癒されました。そのお礼として翌年に皇后が女官たちと共に宮中で十種類のシルクフラワー（梅・桃・桜・山吹・百合・杜若・藤・牡丹・椿・菊）を造り、修二会の行事にお供えになりました。十種の花は十善業（不殺生・不偸盗・不邪淫・不妄語・不綺語・不悪口・不両舌・不貪欲・不瞋恚・不邪見）を意味しているのです。その後も薬師寺では毎年同じ造花を新作し九百年以上も供え続けています。そのため薬師寺の修二会は花会式とか造花会と呼称されるようになりました（明治以後は、和紙の造花）。

薬師寺のお薬師さまは日本に数ある仏像の中でも、最も美しいお姿で、仏像として完成された美しさがあります。インドのニューデリー博物館の館長が薬師寺を訪れてお薬師さまに接した瞬間、「この仏像が日本で一番素晴らしい」

と感動されました。「インド人もびっくり」というお薬師さまです。一度火災に遭い、今では黒光りをしていますが、創建当時は鍍金が施されて金色に輝いていたのです。今でも近づけば部分的に鍍金が残っているのが見られます。毎日拝んでいても、その美しさに魅せられ飽きることはありません。

薬師寺が創建された時代は、白鳳時代（六四五年の大化の改新から七一〇年の平城京遷都まで）といい、国造りや人作りの情熱に燃えた、人生で言うならば夢と希望に満ちた青春時代に当たります。一日の時間帯でいうならば午前九時から正午までくらいでしょう。その時代の反映が政治や芸術にも及び、薬師寺の建築や仏像には青春の華麗な美しい輝きがあります。薬師寺の建築を竜宮造りと言われるのも、もっともだと思います。

白鳳時代の前の時代は飛鳥時代（五五二年の仏教伝来から六四五年まで）ですが、一日でいうならば日が昇る曙の頃から午前九時頃までに当たるでしょう。そこにはほのぼのとした神秘的な美しさがあります。飛鳥時代を代表する寺は法隆寺や大阪の四天王寺であり、仏像の目も人間離れしていて神秘的に見えます。

白鳳時代の次の時代は天平時代（七一〇年から七九四年の平安遷都まで）で、この時代を代表する寺は東大寺や興福寺や唐招提寺です。一日で言うならば正午から午後三時頃までに当たるでしょう。そこには静かに円熟し落ち着いた美しさがあります。「青丹よし　奈良の都は咲く花の　匂うが如く　今盛りなり」という有名な歌があります。見事に咲きほこった満開の花を想像させます。しかし、盛りのかげには衰退の兆候も出始めました。

薬師寺は当初、平城京の前の藤原京に創建され七一〇年の平城遷都にともない、七一八年に現在地に遷されました。その際に藤原京から建物を移築したり、ご本尊を遷座したのか、それとも平城京で建物を新築したり仏像を新しく鋳像したのか、明治以来、学者の間で論争が繰りひろげられました。

最近、解体修理をした東塔の中心柱の年輪を科学的な研究によって調査したところ、七一九年以降に伐採された用材であり、天井板は七二九年に伐採されたことが分かりました。その結果から見れば建築は平城京で新築されたことになります。古文書にも「東塔は七三〇年に建立された」と記録されているのに一致します。またある古文書には「宝塔四基、二口在本寺」とあり、薬師寺と本薬師寺に塔が二基あり、あわせて四基あると記録されていますので、現在建っている東塔は平城京で新築されたのでしょう。建物を解体してそれを組み立てるよりも、用材も豊富にあり新築をした方が建物を永く保存するためにも良かったのでしょう。

しかしご本尊のお薬師さまは『薬師寺縁起』によれば、七日間かけて遷したと記録されていますので、白鳳時代の仏像になります。学者の中には様式からみて平城遷都の際に新しく鋳造されたもので、天平時代の仏像だという新説を主張する人もいます。藤原京の時代に製作された仏像か、平城京で新鋳造されたのか、年数的にみれば三十年くらいの差しかありません。どちらでもよいのかもしれませんが、藤原京で製作された仏像であれば、天武天皇の心が込められていることになります。それが平城京で新鋳造された仏像とすれば、元明天皇の心が込められていることになり、大きな違いがあります。

ご本尊は寺の中心であり魂のようなものです。天武天皇が皇后のために発願された愛情の籠った仏さまです。寺の完成を見ずして崩御された後、皇后が天皇に即位し開眼された仏さまです。思い出の多い上に素晴らしい仏像を元の寺に置き去りにするはずがありません。薬師寺に残る古文書の『薬師寺縁起』に間違いはなく、古老の言うとおり確実に一週間かけて遷されたものです。薬師寺という寺の名が、藤原京の時も平城京に遷っても同じ薬師寺であることは、ご本尊が同じだからだと思うのです。結論から言いますと、建物は平城京で新築され、ご本尊は藤原京から遷座されたということになります。

造形美に捉われてはいけないと知りながら、拝む対象の仏像は美しいのに越したことはありません。美しい花や芸術作品を眺めていると自然に心が和みます。本当に美しいものは永遠に美しいものです。

どんな仏像でも仏師が真心を込めて制作されたものです。中でも純粋な仏師は、「木で仏像を彫る場合、木の中におられる仏様を彫り出すために、余計な木を取り除く作業をしているだけで、良い作品を作ろうとする自分の計らいはない」と言われます。そういう仏師の作品には邪念がなく聖なる美を感じます。薬師寺の仏像には作者の名前は刻んでありません。おそらく朝鮮半島から渡来した帰化人や、特に優れた仏師によって制作されたものでしょう。

医学が急速に進歩した現代でも、お薬師さまに病気平癒を祈願される人は絶えません。薬師寺では毎月八日が縁日で、多くの僧侶によって特別祈願の法要を続けています。毎朝五時にも寺内の僧侶によって祈願をしています。現代医学でも未知のところが多く、人によっては医者の力で及ばざるところを、お薬師さまに救いを求めご祈願に来られるのです。

ある医師がお薬師さまの前で静かに瞑想されていました。瞑想が終わった後に、医師の話を聞けば、「私はお薬師さんに自分の患者さんの病気平癒を祈りにきたのではなく、患者さんにどういう治療を施したらよいのか、そのヒントが得られないかと思い拝んでいました」と言われました。謙虚で真面目なお医者さんだと思いました。

東京のあるお医者さまは、毎年一月八日、お薬師さまの縁日に参拝されます。この一年間、自分の信ずる医学治療によって患者さんの力になれるように、よりパワーを発揮できるように、薬師如来のお力添えもいただきたいと言うのです。お医者さんが宗教を信仰されるように、僧侶も医学を学ぶことが大事だと思います。奈良時代のお坊さんは医学の知識を持つことが必須条件でした。最近わずかですが、僧侶と医師を兼務する人がおられるようになりましたが、もっと多くの僧侶が医学を志し医学僧の増えることを期待しています。そうなれば僧侶も尊敬され良い人材が集まり、人の救済に貢献することができるのではないかと思います。

玄奘三蔵と唯識の教え

玄奘三蔵と慈恩大師

お薬師さまについては『薬師経』によって知ることができます。『薬師経』には五種類ありますが、今日一般的に用いられているのは、玄奘三蔵が六五〇年五月五日に翻訳された『薬師瑠璃光如来本願功徳経』です。

私が薬師寺に入山した日が、一九五〇年（昭和二十五年）五月五日ですので、ちょうど『薬師経』を翻訳された日から千三百年の節目に当たり、薬師寺と玄奘三蔵と私とに不思議なご縁を感じます。これから記述する文は、玄奘三蔵訳の経典に基づくものです。

すべての仏教経典の出だしは「如是我聞」（私はこのように聞いた）で始まります。なぜかといえば、お釈迦さまの在世中にはまだ文字はなく、口頭で言われたことを記憶し、それを同じく他人に口で伝承していたからです。しかし口伝だけでは人によっては、聞き漏らしたり、聞き違ったりする場合があります。そのため不和が生じることもありました。あるいはお釈迦さまの入滅後、教団内部から、「お釈迦さまがおられたときは、行いも窮屈で堅苦しかったけれども、これからは自由に行動できるので気が楽になった」などという者も現れました。

この発言を聞いた一番弟子の迦葉尊者は、規律の乱れを心配し、悟りを得た長老たち五百人を王舎城に集め、仏典を結集（編纂）することにしました。編纂方法は、お釈迦さまの侍者を一番永く勤めていたために、最も多くお釈迦さまの説法を聞いた多聞第一の阿難尊者が、五百人の弟子の前で「私はこのように聞いた」と発言して、お釈迦さまから聞いていた説法を暗唱するのです。するとその説法を全員も聞いたと一致すれば、その説法は正しい教えと決定し全員で唱和しました。

戒律に関しては一番詳しい優婆離が暗唱し、それを皆も聞いたことがあると一致したならば全員で唱和し、正しい戒律と定めました。

第二回目の仏典結集は百年後に行い、第三回目はアショーカ王の援助によってなされ、第四回目はカニシカ王の援助によって行われました。そうして徐々に変化した経典を修正したのです。

『薬師瑠璃光如来本願功徳経』も冒頭に「如是我聞」とありますので、阿難尊者が暗唱したのを全員で確認し唱和された経典です。

紀元前五世紀頃にサンスクリット文字が出来てからは、口伝ではなく乾燥した椰子の葉に刻まれました。それを貝葉経といい、玄奘三蔵はインドから持ち帰った貝葉経を漢訳して紙に書写されたのです。玄奘三蔵は皇帝の詔（命令）

によって翻訳されました。翻訳したすべての経典に経の題名があり、経題の次の行に、やや小さい文字で「唐三蔵法師玄奘奉詔訳」と書かれています。

奉詔訳というのは「詔を奉って訳す」という意味です。三蔵法師とは、経蔵（お釈迦さまの説かれた経典）・律蔵（僧侶の生活のための戒律）・論蔵（お釈迦さまの教えをさらに詳しく論じた論書）の三蔵をマスターした人のことで、固有名詞ではなく一般名詞です。現代風にいうならば、博士のような称号です。したがって玄奘三蔵以外にも六大翻訳家として、鳩摩羅什三蔵・法顕三蔵・義浄三蔵・真諦三蔵・不空三蔵などがおられます。しかし数ある三蔵法師の中でも玄奘三蔵が最も有名です。翻訳の経典数は、他の五人の合計数よりも多く、その数一三三五巻にも及び、三蔵法師といえば玄奘三蔵を指すようになりました。

しかし中国では、三蔵法師といっても玄奘三蔵のことだとは連想しません。中国の人には「唐僧」（タンソ）と言えば誰でも玄奘三蔵のことだと分かるようです。これは小説の『西遊記』の影響です。中国の『西遊記』では主人公を

『西遊記』は「唐僧」と表現しており、日本では「三蔵法師」となっています。『西遊記』は登場人物が、孫悟空や猪八戒や沙悟浄など、人間離れをした姿をしていますので、玄奘三蔵も歴史上実在ではなく、架空の人物のように思われる人もいます。

それでは玄奘三蔵に申し訳がないと思い、薬師寺ではご遺徳を顕彰するため種々の行事を設けています。ご命日は六六四年二月五日ですので、毎月五日に玄奘三蔵院で法要と僧侶の法話を行い、五月五日を大祭日とし、多くの人を招き、玄奘三蔵を主役とした伎楽法要を営んでいます。

法相宗の宗祖は、慈恩大師窺基《きき》であり、玄奘三蔵は鼻祖とか始祖として崇めています。玄奘三蔵の頂骨が昭和十七年に、南京で日本人によって発見されました。その頂骨の一部が全日本仏教会に譲渡され、さいたま市岩槻の慈恩寺に奉安されました。その後に薬師寺は、全日本仏教会に分骨をたまわることを願い出ました。正式に分骨の許可を得て、現在は薬師寺の玄奘三蔵院に奉安されています。

また、玄奘三蔵院伽藍には、大唐西域壁画殿を建立しました。これは玄奘三蔵を顕彰するため、平山郁夫画伯によって、インドから中国までの仏教伝来の道を追体験しながら精魂込めて描かれた壁画です。薬師寺では大唐西域壁画を絵身舎利として拝んでいます。

薬師寺の宗派は法相宗で、依りどころとなる教えは唯識教学です。玄奘三蔵はその唯識学を究めるために、インドまで命を懸けて行かれました。帰国後はすべての経典の翻訳をするため、唯識学を一つの宗派として、組織体系づけは弟子の慈恩大師窺基に任せました。

昭和三十七年に龍谷大学大学院修士課程を修了した私は、僧侶の登龍門であり、法相宗において最も権威のある「竪義《りゅうぎ》」という行を受けました。この行は、本来、唯識教学を究めた後にしか受けられないものですが、それを二十四歳の若さで、未熟ながら受けさせていただいたのです。

この行は、二十一日間、体を横にして寝ることを許されず、常に座ったままの姿勢で、唯識教義の問答を暗唱するのです。そしてその結果を十一月十三日の宗祖の御忌法要（慈恩会）の日に、精義者との問答で試されるのです。横になって寝られない辛さに耐えながら、何百回と唱えていると、経文が脳裏に焼き付けられ、眼を閉じると、浮かんで来るのです。脳裏に文字が焼き付くという不思議な現象を体験することが出来ました。無事に試験を終え、已講僧正という僧階をいただきました。

法相宗と唯識

唯識の唯は「ただ」ということで、識は「対象を認識する心の働き」です。したがって唯識とは「ただ心の働きだけがある」という意味です。世の中のすべての現象はただ心の働きだけであると論じられても、容易に理解できません。インド人の緻密な頭で考えた理論を究める難しさを、「桃栗三年、柿八年」になぞらえて、「唯識三年、倶舎八年」といい、倶舎論を八年間学んだ後に、唯識論を三年間学んで、やっとマスターできると言われるくらい難解なのです。

この唯識学を仏教系の大学では基礎教学として必須科目になっています。学んだ学生の多くは理解することに苦労し、さらに奥深く唯識を学ぶのを敬遠されます。私も大学で六年間と、寺では橋本凝胤師尚から学びましたが、当初は唯識の教えが日常の生活に結び付けられず、学ぶことに抵抗を感じたものです。

仏教を始めどんな宗教も心の持ち方を大切にします。お釈迦さまは唯識論のような難しい話はされず、誰にでも分かるように心の大切さを指導されました。そのことは『法句経』などの原始経典をみれば明らかで、私は唯識教学よりも原始仏教の経典に魅力を感じていました。

お釈迦さまの時代は表層的な心が中心でした。五識（眼識・耳識・鼻識・舌識・身識）が、五根（眼根・耳根・鼻根・舌根・身根）を拠り所として、対象である五境（色境・声境・香境・味境・触境）を受け止め、それを統合する意識を加えた六識を中心に、心が考えられていました。

ところが、それだけでは説明できないことに気づきました。私たちは一般的には五感で見たり聞いたりする対象物が実体として外にあり、それを自分が認識しているように思っています。しかし、その対象物は自分の心から転変して生み出されたものであって、自分の心の中にあるものに似た影（影像）を見ているに過ぎないと、唯識では考えたのです。

要するに、認識する対象は、自分の経験や知識や教養、趣味嗜好の諸条件が加わり、自分流に把握したものだというのです。例えば年間、大勢のお客さんが薬師寺を訪れ、お薬師さまや東塔を拝観されますが、それぞれ受け止め方は異なります。仏教美術に関心のある人は、その造形美に魅力を感じ感動の度合いが違います。しかし関心のない人ならば、数十秒眺めて去っていきますので感動することもないでしょう。特に修学旅行生はあちらこちらの神社仏閣をまわり頭の中が混乱し、薬師寺を訪問したことさえ記憶に残らない人もいるかもしれません。それぞれの関心度によって感銘度が異なるということは眺めている対象物も、人さまざまであることになります。自分の心が形を決定するのです。

自分流に眺めるにはそうした心の働きがあるからです。唯識教学では、前述の六識の奥に二つの潜在意識があるとして、心を八つに分けて考えます。

一つは、人間の心を汚すもととなる自己中心的な自我意識、自己への執着心の末那識です。末那識は起きている時はもちろんですが、寝ている時も働いています。

もう一つは、一番深い心の底の働きである根本識の阿頼耶識です。阿頼耶識というのは、大きな蔵で、その中に過去のあらゆる経験を種子として薫習（蓄積）します。今日的に分かりやすく言うならば、パソコンのハードの中に、コンピューターを動かすソフトや、すでにインプットしたあらゆるデータがストックされているようなものです。しかし私はそれだけではないと思っています。

唯識で説く阿頼耶識とは、私を生かし、動かしている命のエネルギー――安田暎胤という人間を生かし、行動させている根源的なものであると考えているのです。

二十世紀の初めにフロイトが無意識、潜在意識という分類を持ち込み、心の大陸に初めて科学のメスを入れるはるか以前（三世紀頃）から、仏教では唯識説を立て、一人ひとりの阿頼耶識の中に、どういう種子が蓄えられているかにより、それがあらゆる瞬間に取り出され、行動に響いていくことを知っていたのです。

聞く、見る、思うという単純な私たちの行為は、それぞれが人格の自己投影です。橋本凝胤師尚はこのことから敷衍して、「迷いや苦しみは心の中の影、影像に過ぎないもので、心の外にはものは存在しないのだ」と説かれました。

また、唯識教学においては、眼識・耳識・鼻識・舌識・身識・意識の六つの心は、末那識を伴っているので、自分勝手に、自己中心的なフィルターがかかったものになると説いています。

つまり、唯識は自分の見方や考え方は自分勝手なものなので、それに執着することは決して正しくないということを自覚せよと教えているのです。そうした自己中心的な歪みが少しでも少なくなるように心を磨き、迷いの心から悟りの世界に至るように、心の転換を計れというのです。

このことを唯識では「転識得智」――阿頼耶識が転依すると、仏の知恵「大円鏡智」（全てのものを曇りやゆがみなく、ありのままに映し出す大いなる智慧）が得られると説いているのです。

転依からスタートして、私という自己の世界全体を変えていこうとするのが唯識の教えの眼目ともいえるでしょう。

転依とは、『唯識三十頌』の第二十九頌目に説かれている言葉で、迷いの状態を転じて悟りを得るという人間の大転換を意味します。

人の心とは、「遍計所執（偏った見解や妄想）のかたまりと知れ」とは、『唯識三十頌』が繰り返し述べているところですが、自己中心的な心によって、悲しみ、嫉妬し、怨み、悶え、怒り、煩い、悩み続けているのが、私たちの日々であるのです。

そうした精神状態から解放される第一歩としては、五感から始まる五識の世界において、できるだけ正しく偏りなく情報をキャッチするよう心がけていく必要があります。また坐禅や瞑想など、心を集中する訓練によって、少しずつ心を調え正しく転じ、外界のものに負けない自分を作り出していくことも必要です。

転依を得るには、良縁との出会いも大切です。良縁とは良き友のことであり、正法を聴聞することでもありますが、同時にどんな良縁に出会っても、それに気づかなければ何にもならないと言えるでしょう。剣術の柳生家に縁の受け止め方に気をつける家訓があるそうです。それは、

小才（愚者）は縁に会って縁に気づかず。

中才（凡人）は縁に気づいて縁を活かさず。
大才（賢人）は袖触れ合う縁をも活かす。
わずかの出会いでも無駄にしない生き方を身につけたいものです。

心の「チェンジ」

若き日の次のような思い出があります。私は昭和三十三年に橋本凝胤師尚に随行して、二人で北米の各都市、ホノルル・ロサンゼルス・サンフランシスコ・ニューヨーク・ワシントン・ボストン・フィラデルフィア・シカゴ・トロント・デトロイト・マキノ島MRA本部・デンヴァー・ソルトレイクシティ・シアトル・ヴァンクーヴァーなどを巡錫しました。当時は、まだ海外旅行は外貨不足で自由に出られない頃で、私たちは株式会社東洋綿花の嘱託社員として外貨の割り当てを受け旅が出来ました。

旅の目的はチベット大蔵経の復刻版ができ、それを経済的に豊かなアメリカの財閥や図書館に購入してもらうための宣伝とセールスでした。仏教学者でコロンビア大学の教授であった鈴木大拙先生に通訳を頼み、ニューヨークタイムスやワシントンポストなどの有名新聞に大きくニュースとして写真入りで報道されました。一セット五千ドルという高価な仏教聖典です。英語も十分に話せない二人で売り込むのは至難なことです。キリスト教国で、それほど仏教も普及されていないため、一セットも売れませんでした。宣伝には成功しましたが、目的のセールスは皆無でした。しかしアメリカンドリームの良き時代であり、いろいろな面で先進国の豊かさに魅せられました。

旅の途中にＭＲＡ（キリスト教精神に基づく道徳再武装運動）の本部訪問という得難い縁に巡り合いました。

ＭＲＡとは、フランク・ブックマン博士によって創設されたもので、愛・正直・純潔・無私という四つを絶対条件として実践することにより人間関係を良くし、ひいてはそれが世界平和に繋がることを願い、道徳に重点をおいた国際色豊かな団体です。

　メンバーの中に、日本からは元住友財閥の住友吉左衛門氏、元三井財閥の三井高維氏、渋沢栄一氏の孫の渋沢雅英氏など上流階級の人々の名が連ねられており、ちょうど訪問した時にそれらの人々にもお会いすることができました。その他、日本の演歌歌手の小畑実氏や政治家や青年団の団員も参加していました。通訳は有名な西山千氏で同時通訳を見事にされていました。外国人の中にもインドのマハトマ・ガンジーの孫や、南方仏教の僧侶や、そうそうたる人が集まり、国や人種が違っても人の心はみな同じであることに感動しました。

　滞在中のことで印象深く残っているのは、皆が自分の犯した過ちについての体験談を人の前で話していたことです。

　例えば、誰かと対立していたが自分の過ちに気づき、勇気をもって詫びた。すると双方の関係が円満になったという体験談です。その話を聞いた人が、自分の身に置き換えて反省し、自らも詫びる実践をしたら、またよい関係になったという話です。相手が悪いのではない、自分が悪いのだと気持ちを変えた時に相手が変わるという、「チェンジ」を強調するのです。それは、自分の心の持ち方で世界が変わるという唯識の教えと共通点がありました。

同じ詫びる話を聞いても、橋本凝胤師尚は、「ここは罪人の集まりや」と、MRAには批判的でした。師尚と私とは、同じMRAに接しても受け止め方が異なり、違う世界を作り出しているのです。

私はちょうど満二十歳で成人に達した時であり、MRAの活動に触発されて、自分もまた成人までの自分とは変わらなければならないと決意しました。

師尚のように、肉食・飲酒・妻帯をしない僧侶になろうと密かに決意し、行動に移しました。MRA本部からの帰りの飛行機で、はやくも大きなビフテキが出ましたが、ナイフをつけませんでした。その時、一生続けると思えば窮屈なことですが、今日一日できればよい、いや目の前の一食だけでもよいと思いました。そして、この一食、一食と続けているうちに七年が過ぎました。もしも最初から七年続けようなどと思ったら食べたい盛りですから続かなかったかもしれません。

帰国して郷里の岐阜に帰ったら、叔父が洋行帰りを祝い、長良川の生きたアユを釣って持ってきてくれました。しかし心境を述べて食べることを断りました。叔父に「罪は自分が代って受けるので、お願いだからぜひ食べてほしい」と懇願されました。しかし私の意志は固く拒否しました。叔父の愛情を込めたアユをも手に付けなかったのですから、その後はどんな誘惑にも負けませんでした。まして隠れて食べることなどは論外でした。

それから朝の勤行の前に、冬でも冷水を浴びるようになりました。水行は誰からも勧められたのではなく、修行の意味で自発的に始めたのです。大学三年でしたが、学生服を脱ぎ、五日に一度は必ず剃髪をし、「自分は学生ではなく、学僧である」という自覚を持つために、僧衣を着て通学しました。仏教系の大学ですが、誰一人僧衣を着てくる学生はなく存在が目立ちました。

師尚はあまり私が頑なになることを心配し、学生だから学生服を着ていくように諭されましたが、自分の意志を通しました。

アメリカに行く前の自分と帰国してからの自分とに大きな変化がありました。これは二十歳になった自分を何か転換をしたいと思っていた心が因で、MRAと出会ったことが縁となり、自分の行動の変化が結果となったのです。

底辺に求める心があれば、きっかけはどこにもあります。僅かの縁に気づき、縁を活かすこと。チャンスを上手にとらえて心を「チェンジ」することが大切であり、気持ちが変われば、人間の行動や人格が変わると思うのです。

MRAとの出会いは、成人になった年であり、人生の節目の年で、人生に大きな変化をもたらしました。

自己の愚かさや欠点を発見する

宗教は皆、心の磨き方を説きますが、その方法に二種類あります。一つは「一切衆生　悉有仏性」（人は誰でも、ことごとく仏になりうる可能性を宿している）として、善意を信じ長所を伸ばそうと励ます方法です。もう一つは、自分の欠点をどんどんと突き詰めて、角を削って心を丸くする方法です。

唯識の場合は、後者の立場をとり、自分の至らなさに気づき、訂正していく教えです。親鸞上人も自分を愚禿であると徹底して自己否定をされています。

ある会合でたまたま席を隣にした方ですが、雑談をしているうちに自分の体験談を語ってくれました。

彼は肺ガンで余命はあと三か月と医者に宣告され、ショックを受け、これからどうして生きていったらよいのかを、あるお坊さんに相談したところ、「人は生まれたら死ぬことは決まったことだ。くよくよしないで諦めろ。早いか遅いかの違いだけだ。お前は、三か月生きられるかもしれないが、わしは明日死ぬかも分からん。堂々と死を受け止めろ」と言われたそうです。

諦めるくらいならば、何も相談に行くこともなかったと、釈然としないまま家に帰る途中、坊さんとの会話を反芻しました。やはり坊さんの言うとおり、死は受け止めなければならないのか。ならば堂々と潔く死のうという思いになり、元気な姿になって家に戻りました。

家から出かけるときは憂鬱そうな態度であったのに、帰って来たときは明るく見えたので、奥さんはどんな話を坊さんから聞いてきたのか尋ねました。坊さんとの会話を奥さんに話をし、「医者はあと三か月といい、坊さんは諦めろといった。だからおまえも諦めてくれ」と奥さんに話すと、「死んでいくあなたはそれで良いでしょうが、残された家族はどうして生きていけば良いのですか」と悲しそうな顔をして言われたそうです。

本人はその言葉を聞いて「お気づきをいただきました」と言い、「考えてみれば、今までの自分は、すべてのことに自分さえよければそれでよいと思っていた。商売でも自分の利益だけを考え、お客さんのことはほとんど配慮しなかった。今度の場合も自分が死んだらどうなるか、自分の健康のみを心配し、家族のことには思いやりがなかった。自分はどれだけ人のために尽くしてきたかと、自分の愚かさに気がつき、愕然となった」と言います。

自分はバカだった、エゴの塊だったと深く反省し、残されたあと三か月を人のために尽くそうと思いを転換しました。しかし、ガン患者に何が出来るのか、体力はないので力仕事は出来ない。そこで思いついたのが、ガン患者の訪問見舞いでした。健康な人が見舞い、患者さんに頑張ってくださいと言っても、「十分頑張っているのだ、あなたに私の苦しみなど分かるか」と反感を持たれるけれども、自分も「あと三か月」と医者から宣告を受けた病人である。

開口一番がん患者に向かって「あなた風邪をひいて死ぬと思いますか」と尋

ねます。すると「風邪くらいで死ぬとは思わない」と返事がきます。でも「風邪でも死ぬかもしれないと弱い気持ちになったならば、本当に死にますよ。同じようにガンになったらすぐ死ぬと思ったらいけません。ガンに罹っても百パーセントの人が、すぐ死ぬとは限らない。ガン患者でも元気で楽しそうにスイスの山にスキーに出かけている人もいる。しかしいつかは死ぬ時が来ます。その時は堂々と死を受け容れましょう」。そう言って見舞いを続けているうちに、もう十年以上が経ち、いまも元気な生活を続けているというのです。

そういう実話を聞くと、人とは自らの愚かさに気づいて心を転じ、ボランティアでも人の支えでも、他のために何かをさせていただくという気持ちになった時、脈々とした命の流れが、細胞を活性化させ、生き生きとした人生を送らせてくれるのだと感じ入っているのです。

お薬師さまの大願

お薬師さまの経典――薬師経

お薬師さまの経典である『薬師経』は、前にも言いましたが、正確には『薬師瑠璃光如来本願功徳経』と言います。この経典に、お薬師さまのことが多々描かれています。冒頭から、かいつまんで読んでいきましょう。

「私はこのようにお聞きしました。あるとき世尊が説法をしながら諸国を巡り広厳城まで来られ、風が吹くと音楽のような音がする楽音樹の下で、八千人の弟子と共に滞在されました。

そこへ三万六千人もの菩薩や国王や大臣やバラモンや邪神や人非人など、無数の大衆が法を聞かせてほしいと集まってきて恭しく敬い、周りを取り巻きました。お釈迦さまが彼らのために説法しようとされると、文殊菩薩が仏の威神を受けて座より起って、右肩を脱ぎ、右ひざを地に付け、お釈迦さまに向かって腰を曲げて合掌して言いました。

お釈迦さま、僧侶が仏の教えを守らず、上辺だけ僧侶らしい姿をする像法の時代の人々を幸せにするために、お釈迦さまと同じような諸仏の名前と大願の優れた功徳を説いてください。そして聴聞したものたちが過去世から造ってきた罪業を取り除き消滅してください。

お釈迦さまは文殊菩薩を褒めて、よしよし文殊よ、おまえが大悲心をもって諸仏の名前と本願の功徳を説いてほしいと頼むなら、罪業に惑う人々の苦しみを取り除き、像法の時代の人々を幸せにするため説くことにしよう。よく聞いて正しく理解するように」。

文殊菩薩は、「はい、承知いたしました。ぜひお説きください。私は真剣に聞かせていただきます」と答えました。

文殊菩薩は弟子の中でも智慧が優れ、智慧第一と呼ばれたお方です。その文殊菩薩が右肩を脱ぎ、右ひざを地に付け、腰を曲げて合掌して質問しましたが、この姿勢はお釈迦さまに対し最も尊敬の念を持った最高の礼を尽くした態度です。日本の剣道などの武道は、礼に始まり礼に終わるように、礼儀礼節を重んじます。日本の茶道においても「和敬清寂」の精神で客をもてなしますが、和・敬・清・寂の中でも客に対する「敬」を最も大切にします。

私たちはどうしても自分中心になり、相手への尊敬の念を忘れがちです。学校における先生と生徒の間でも、尊敬する姿勢でなく友達のような態度で接し、先生に対してあまり尊敬しなくなりました。丁寧な姿勢で挨拶することにより、心までが真摯になれるのです。薬師寺では正式に僧侶になる儀式（得度式）には、文殊菩薩がお釈迦さまに向かってしたのと同じ姿勢で座ります。子が親に対し、生徒が先生に対し、弟子が師尚に対し尊敬する姿は美しいものです。

相手に対して尊敬の念をもって合掌する態度は、宗教界でも少なくなりましたが、禅宗の僧侶の中には垣間見ることができます。禅僧は形を重んじますが、それは形を正すことにより、自然に精神も正されるからです。

ある日、三島の龍澤寺を訪問し、師家の中川宗淵老師の接待を受けました。その時、宗淵老師がすでに遷化された先代の山本玄峰老師を尊敬して、現役の師家として座るべき座布団に座らず、「その座には師尚がおられます」といって、まるで玄峰老師が生存されているかのようでした。座布団に向かって礼拝される姿に接し、師尚に対する尊敬の念の深さと態度に痛く感銘しました。どれほど多く師尚や親に対して尊敬しても、尊敬しすぎるということはないと感じました。

経典の中にある像法の時代というのは、お釈迦さまが入滅された後、仏教が衰退していく姿を、正法・像法・末法の三期に分けたうちの一つです。仏滅後の五百年間を正法の時代、次の千年間を像法の時代、像法の後を末法の時代といいます。

正法の時代は、仏宝・法宝・僧宝の三宝が健在で仏教が安泰の時代で、教えが正しく伝えられ、法を実践して悟りを得る僧侶もいました。像法の時代になると、教えがあり、実践する修行僧はいても、外面の形だけで実際に悟りを得る僧侶はいない時代です。さらに末法の時代は教えだけが残っていますが、仏も修行する僧侶もいない時代です。

ちょうど日本では鎌倉時代が仏滅後千五百年にあたり、末法の時代に入りました。そのため人々は不安に陥り、世の中は混乱しました。その中から救いを求める機運が高まり、新しい宗派が次々と生まれました。もっぱら南無阿弥陀仏の名号を唱えることにより、極楽往生が可能であるとする浄土系の宗派や、お釈迦さまの教えを再認識するために、ひたすら坐禅をして悟りを得ようとする、禅系の宗派が生まれるようになりました。その意味では鎌倉時代は日本仏教の大転換の時代でした。浄土系の宗派は一般大衆の中に深く浸透していき、禅系の宗派は武家の中に浸透していきました。

鎌倉時代に誕生した新仏教が、あまりにも団結力が強くなり、ときおり宗教一揆などを起こし政府をおびやかすようになりました。そのため江戸時代になると、幕府は僧侶の政治介入を認めず、檀那寺と檀家の組織をつくり、寺の生活安定をはかりました。その結果、僧侶の精神性が骨抜きにされ、僧侶の生活は安定しましたが、僧侶の堕落が始まりました。そのため、明治政府は、廃仏毀釈などの政策をとり、仏教を弾圧しました。弾圧を受けると、その中から新しい芽が生えてくるものです。神道界でも教派神道を盛んに輩出しました。仏教界でも新仏教が誕生し始めました。

現代の日本は正しく末法の時代であり、お釈迦さまの教えだけは仏典として伝えられていますが、それを実践しようとする僧侶はないに等しい状態です。考えてみると、お釈迦さまの説く仏教もインドにおいては新宗教でした。お釈迦さまの生まれる前から、インドにはいろいろな宗教がありました。それらの宗教に満足を得られなかったお釈迦さまは、自ら自分の宗教を開かれました。そのため古い教団からは弾圧を受けました。しかし、いかなる弾圧にも屈しないのは信仰の力です。今ある、いずれの宗教においても初めは新宗教であり、いろいろな弾圧を受けながら、それらを跳ね除け不屈の精神で、信ずる教えを広めてきたのです。それがまた時代の経過と共に信仰心が薄らいでいくものです。

どんな宗教でも初めは新宗教であり、やがてマンネリ化して緊張感や活力が衰えて堕落します。すると堕落した中からまた革命が起きて、新しい一派が生まれるというのが宗教の歴史です。

薬師菩薩の十二の大願

これから『薬師経』では、お薬師さまについて、お釈迦さまが文殊菩薩に向かって説法を始められます。

「ここから東の方角に、ガンジス河の砂の数の十倍もの多くの仏の国を過ぎたところに、浄瑠璃という世界があって、その世界の仏の名前を次のように言う。

一、薬師瑠璃光如来

二、応正等覚（正しい悟りを開いて、人からどんな優れたお供えをも受けるに相応しい人）

三、明行円満（智慧と修行が完全一致している人）

四、善逝（煩悩を、智慧の力でコントロールできる人）

五、世間解（世界の生き物、出来事すべてに通じている人）

六、無上士（この上もない士）

七、調御丈夫（指導者としての能力を完全に調えている人）

八、天人師（神や人間の師）

九、仏（悟れる人）

十、簿伽梵（インドでの、神仙等に対しての最高の呼び名）」。
前にも触れたように、二から十までは「仏の十号」といって、仏さまの持つ能力や特徴を示す称号のようなものです。そして、

「昔、薬師瑠璃光如来が菩薩の道を修行していた時に、十二の大願をお立てになって、多くの人々の求めることを叶えようとされました」。

仏教では、この世の中に十段階の道があるとして、人々はいずれかの道を歩んでいると説いています。それは地獄道、餓鬼道、畜生道、修羅道、人間道、天人道、声聞道、縁覚道、菩薩道、仏道です。地獄道から天人道までを六道と言い、迷いの世界です。一般人はその六道を何度も輪廻を繰り返して苦しみ悩んでいるのです。六道を超えることを解脱したと言い、悟りの世界に入ったことになります。悟りの世界に入ると、再び迷いの世界に落ちることはありません。

薬師如来は菩薩の時に十二の大願を立てられましたが、菩薩というのは仏に

なる一段階前の道程です。菩薩は自分の修行と人々の救済のために努力している方のことです。菩薩の中には観音菩薩のように、すでに仏の位に達していても、それでは一般の人々が近寄り難いということで、一ランク下げて菩薩として衆生を済度している方もおられます。

仏は身に一切の飾りは付けませんが、菩薩は首飾りや腕飾りなどで身を美しく見えるようにします。それにより一般大衆には親しみが得られるのです。薬師寺のお薬師さまも飾りはありませんが、脇侍の日光菩薩や月光菩薩は、いろいろな飾りを身に着けておられます。日光菩薩や月光菩薩は、容姿端麗な女性のような美しさがあり親しみを持てます。

薬師如来は菩薩の時に、もし来世に最高の悟りを得たならば、衆生を済度するために、十二の大願を誓われました。

第一の大願は、光明普照の願です。

「もし私が来世に最高の悟りを得たならば、無数の世界を照らし、三十二相八十種好（随形）という理想的な体で身体を飾り、すべての人を私のように知恵や徳を得させ悟りに導きます」。

来世に悟りを得た時に、とありますが、現代人は自分の前世や来世のあることを信じる人は少ないように思います。仏教では生まれ変わりの輪廻転生を説きます。お釈迦さまは過去世や未来世のことに関心を持つのではなく、現世をいかに生きるかが大事であると強調されています。むしろ過去世や未来世について論じ合うことは戯論であり、無駄なことだと諭されています。

例えば、ある人が毒矢を撃たれて苦しんでいる時に、「この矢は誰が撃ったのか、毒矢にはどんな毒が使われているのか、そういうことが判明するまではこの毒矢を抜かぬように」と言ったとしたら、毒が体中に回り命を落とすことになります。それよりは、まず毒矢を抜くことに専念すべきであるように、生まれる前の自分がどういうものであったのか、あるいは、死後はどうなるかを論ずるよりは、今をいかに生きるかを論じ実践することが肝要である、と弟子に無駄な議論することを戒めておられます。

しかし過去世や未来世を否定する人には、輪廻転生があって現在は過去世の結果であると同時に、未来世の原因であるから、今を真剣に生きよと教えておられます。お釈迦さまご自身が、ご自分の過去世のことを幾度も語っておられますから、輪廻転生はあるのです。

人々は自分の知らない過去世のことや、未来の自分はどうなるかに関心を持つ人が多くいます。それを見通すのが宗教家であるかのように思われがちですが、あくまでも仏教は現在の生き方を優先し、人格の形成に重点をおいていますので、過去世や未来世についての存在を論じないようにしているのです。

三十二相というのは仏に備わった優れた身体的特徴です。例えば「足下平満等触相」といって、足の裏は偏平足で大地にも平等に接せられる慈悲深いお体です。あるいは「手足指間縵網相」といって、多くの人を救えるように手足の指の間が網のようになっています。あるいは「眉間白毫右旋相」といい、外界の事物を正確にキャッチするために、眉間に白い毛が生え右に旋回していて、必要な時にはアンテナのように真っ直ぐに伸びます。私たちが何かを真剣に考える時には眉間に神経を集中しますので、そこには第三の眼があるとも言われますが、白毫は第三の眼に当たるのでしょう。

八十種好というのも、仏や菩薩にともなう優れた特徴ですが、三十二相より比較的小さな特徴です。たとえば歩き方が象のようにゆったりしているとか、耳たぶが輪状に長く垂れさがっているなどです。

実際にお釈迦さまがそのようなお姿であったのかどうかは分かりませんが、ガンダーラの仏像などにはその特徴が見られます。仏になると凡人といかに異なるかを示しているのでしょう。身心ともに仏と同様な理想的人格を身に付けさせたいとする願いです。

第二の大願は、随意成弁の願です。
「私が来世に最高の悟りを得たならば、身体は瑠璃の如く透き通るように美しく穢れもなく、瑠璃の光明を広大にして、暗闇で苦しむ人々に悉く仏性のあることを目覚めさせます」。

お薬師さまは瑠璃の光で照らし、脇侍の日光菩薩は昼間に輝き、月光菩薩は夜間に照らし、昼も夜も休みなく、いつでも迷う人を救うために努めておられるのです。薬師如来が瑠璃の光であり、脇侍の菩薩が日の光と月の光であり、いずれも光に深い縁のあることが、薬師三尊の特徴のように思います。闇夜に輝く光は、献灯、松明、篝火などいずれも幻想的な美しさがあり、人の心を神秘的な世界に導くように、煩悩の闇に苦悩する人を悟りの世界へ、光を照らし導かれるのです。

第三の大願は、施無尽仏の願です。

「私が来世に最高の悟りを得たならば、貧しさゆえに悟れないものに、無量無辺の智慧を働かせて、悟りを得るのに必要な物品を尽きないようにします。そのため貧しさのない社会にします」。

どこの国にも貧しさのゆえに苦しんでいる人はいますが、インドは特に貧富の差が激しく貧しい人が多くいます。いまだに路上で物乞いをする人を多く見かけますが、その光景は二千五百年前と同じであるように思います。六波羅蜜の実践行の最初は布施の行ですが、お釈迦さまは貧しい人を救うことの必要性を強く感じられたのでしょう。

「貧すれば貪する」といわれるように、貧しさが過ぎると生きることへの生理的欲求である貪欲がまさり、知的欲求である悟りの境地などには関心が及ばなくなります。そのため悟りの世界への環境づくりも大切なのです。しかしまた物を与え過ぎると、心の豊かさを忘れてしまう傾向があります。

高田好胤管主は、物の追求に猛進している現代世相を憂い、「物で栄えて心で滅ばぬように」と警鐘を鳴らし続けておられましたが、西本願寺の大谷光真前門主は「心が滅んだから、物が栄え過ぎたのではないか」と述べられていました。どちらも意味の深いご意見ですが、いずれも心の大事さを述べておられるのです。

しかし心のみに偏りますと、戦時中の日本のように、「大和魂さえあれば、竹槍一丁だけで十分だ」ということになります。そこで物と心のバランスが必要になるのです。それを『般若心経』では「色即是空、空即是色」と説いていますす。色は物の世界で、空は心の世界です。どちらか一方に偏しない中道の大切さをお釈迦さまは説かれていますが、お薬師さまは物に飢えて苦しんでいる人には、まず物を与えてから悟りの世界へ導くことを約束されています。

第四の大願は、安心大乗の願です。

「私が来世に最高の悟りを得たならば、もし人々が邪道の信仰をしていれば、正しい道に安住するようにしたい。また小乗（声聞・縁覚）の道を歩んでいる人には、大乗（菩薩・仏）の教えに導きたい」。

宗教の信仰は恋愛感情にも似て、正しい判断をすることに欠ける場合があります。例えば恋愛中の二人に、第三者が総合的に見て、今の交際は良くないから止めるようにと忠告しても、容易に聞き入れません。同様に熱心に活動している宗教団体に入信した人を、その教団から抜き出すことは容易でありません。思想やイデオロギーは素直な人ほど洗脳されやすいのです。邪道か正道かを決めるのは、信仰している教えに普遍性と永遠性があるかどうかによりますが、お薬師さまは頑な人を正道に導いてくださるのです。

仏教でもお釈迦さまの時代に、お釈迦さまの説法に惹かれた多くの若者が親の反対を退け、剃髪をして衣を着て出家するのを、止めることが出来ず嘆き悲しむ多くの家族がいました。僧侶は独身であるため、家族の少ない家庭では、出家されると家系が断絶してしまうのです。お釈迦さまご自身も最愛の家族を捨てて出家されたのです。お釈迦さまご自身は納得でも、捨てられた家族の嘆きは大きなものでした。

私は若い頃、師尚に「お釈迦さんが家族を捨てて出家したのは、お釈迦さんの利己主義ではないですか」と質問したことがあります。そのとき師尚の答えは、「一殺多生といって多くの人を救うために、一人の人を犠牲にしたようなものだ」といわれたのを思い出しました。

いま自分が信仰をしている宗教が正しいものか、それとも邪道であるかを当事者が判断することは、よほど説得力のある人しかできません。家族の反対くらいでは困難です。邪道に近いのは次のようです。

高額の金銭を要求されること。

高価な物品の購入を勧められること。

自分の不幸や弱みに付け込んだ勧誘をされること。

自分の信ずる宗教だけが正しく、他の宗教を否定すること。

そのほかいろいろありますが、宗教がアヘンであると言われないようにしなければなりません。

第五の大願は、具戒清浄の願です。

「私が来世に最高の悟りを得た時に、もし多くの人々が清浄な修行をしていたならば、皆に諸々の悪を断ずる摂律儀戒や、すべての善を実行する摂善法戒や、すべての衆生を救済する摂衆生戒の三聚浄戒を身に具えさせたい。たとえ破戒することがあっても、私の名を呼ぶ声を聞けば、清浄になり、地獄に落ちないようにしたい」。

お釈迦さまの時代から、僧侶には守るべき戒律があります。細かく決められ、男性で二百五十戒、尼僧で三百五十戒もありました。しかし大乗仏教になると細かいところに気を使い過ぎず、悪を断じ、善を行い、人を救済する三聚浄戒に心がけて行動をすればよいというようになりました。

薬師寺では僧侶になる時の儀式で、次の十重禁戒を守ることを誓います。
不殺生戒（生き物を殺さない）
不偸盗戒（他人の財産を盗まない）
不淫戒（淫欲にふけらない）
不妄語戒（嘘を言わない）
不酤酒戒（酒を売買しない）
不説罪過戒（他人の罪過を言わない）
不自讃毀他戒（自分を誉めて他人を誹謗しない）
不慳貪戒（施しを惜しまない）
不瞋恚戒（怒らない）
不謗三宝戒（仏法僧の三宝を謗らない）
一般在家の人が、仏教徒に入信する時は、仏法僧の三宝に帰依することと、
不殺生戒・不偸盗戒・不邪淫戒・不妄語戒・不飲酒戒の五戒を実践することを

誓うのです。現代は僧侶でも在家が守るべき五戒すら守れないのです。まさしく末法の世です。でも人の嫌がる悪いことはしない、人の喜ぶ善を行い、人を救済するために努力する三聚浄戒を守ることに心がければ、世の中は平和になるのです。したがって仏教徒の究極の実践はこの三種の行いをすることに尽きるように思います。

しかし戒律は法律や規則のようなものです。自動車の運転をする場合に皆が安全を心がけて運転すれば、規則はなくても良いのです。しかし飲酒運転をしたり、信号を無視したり、居眠り運転をしたり、スピードを出し過ぎたりして事故を起こすのです。したがって規則を作らなければならないように、皆が悪いことをせず、善い行いをし、苦しむ人を積極的に救えば、戒律はなくても良いのです。でも誰でも我欲があり、悪に手を染めてしまうのです。そのため戒律を作り、それを遵守すれば安穏なのです。

第六の大願は、諸根具足の願です。

「私が来世に最高の悟りを得た時は、もし多くの人が、身体不自由、五体不満足で醜く、頑固で愚かであったり、眼や耳や言葉が不自由で、見えず聞こえず、話せずなどの障害があったり、精神異常や認知症であったり、種々の病で苦しんでいても、私の名を呼ぶ声を聞けば、みな正常な状態にし、健常者のように五体満足になり、疾病による苦しみなどをなくしてしまいます」。

諸根具足といっても、失った手足などが、薬師の名を称えただけで健常者のようになるとは、普通には考えられません。しかしそれがｉＰＳ細胞の研究に見られるように、医学の進歩によって可能になるかもしれません。医学の進歩は日進月歩です。お薬師さまが医師の姿になって働いてくださっていると思うのです。

あるいは例え手足をなくしても、不自由さを感じさせないようにしよう。また目が見えなくても、例えばピアニストにもなれるようにしようなど、ご加護くださるのです。

世の中の知的発達障害者や身体障害者に対する見方は、ずいぶん変わりました。昔は障害者に対して偏見を持って眺めていました。もし家族に障害者が生まれると隠そうとしました。あるいは何かの祟りであるように言われました。しかし近年は基本的人権を重んじ、障害者にも同じ人間として生きる権利があるとして、障害者には特に配慮をするようになりました。例えばオリンピックも身体障害者のために、パラリンピックを開催したり、知的発達障害者のためにスペシャルオリンピックスを開催したりするのもその一つです。乗り物に乗る場合でも、飛行機などは障害者の方を優先的に配慮します。まだまだ十分とはいえないまでも、障害者の方は昔より生活がしやすくなったかもしれません。

障害者の方には生まれつきの方もありますが、事故や病気で突然障害者になることもあります。あるいは加齢による障害者も増えました。私でも最近、眼鏡がなければ細字が読めなくなりました。そういう点では目の障害者です。耳も遠くなりテレビやラジオの音量を上げなければ聞き取れなくなりました。そういう意味で私は耳の障害者です。したがって障害は他人事ではないのです。

ある会で講演をした時に、「幸せは感謝をするところにあるので、感謝を発見してください」と話したところ、ある高齢の女性から質問を受けました。「私は家族にも恵まれず、収入も少なく、苦労の連続で幸せを感じたことがありません。なぜ私は一生懸命働いているのに不幸なのでしょうか。感謝するところは見当たりません」と、世の中に対して不満を抱くような発言をされました。周りの人も、「彼女は人の嫌がる仕事を積極的にし、我々にとっては貴重な方です」といわれるのです。

そこで私は、「あなたはこの会場に一人で来られましたね。私の話も聞こえましたね。質問も出来ましたね。トイレにも一人で行けますね。食事も一人で食べられますね。寝たきりの方は一度立ってみたいといわれますが、あなたは人手を借りず一人で行動できるのは幸せですよ。目が見えることも、耳が良く聞こえることも、話が出来ることも、障害を持った方から見れば、あなたは幸せがいっぱいあるじゃありませんか」といくつかの例を挙げながら答えました。本人にはどの程度納得されたかはわかりませんが、それ以後の質問はありませんでした。

この「幸せは感謝を発見したところにある」というのは、キリスト教のシスター渡辺和子さんから聞き、共鳴した言葉です。

第七の大願は、除病安楽の願です。

「私が来世に最高の悟りを得た時に、もし多くの人がいろいろな病気にかかっているのに、誰も救済をせず、医者もいなく、薬もなく、親もなく、家もなく、貧しさに苦しんでいたならば、私の名号を称えた声を聞いたならば、多くの病をことごとく除き、身心を安楽にし、物を豊かにし、皆を悟りの世界に導きます」。

第六の大願は、肉体の苦しみを取り除くために働くことを誓っておられましたが、第七の大願は、身体と精神の苦しみを除去してくださるのです。この大願に皆がすがり、薬師如来の名を大きな声で称えるのです。薬師寺の修二会の法要では、薬師如来の名を声の限りを尽くして絶叫します。大導師の作法の中にも、「仏名の徳は思議を超えたり」とあり、念仏の功徳は凡人の考えの及ばない不思議な力があることが記されています。浄土系の人々は南無阿弥陀仏の名を称えることにより、極楽世界に往生できるといわれます。

念仏の念という字は、今の心と書きますので、念仏は今の心に仏さまを思うことです。瞬間、瞬間の中に仏を念ずるということは、いつも仏と一体になることです。仏と一体になれば、多くの苦しみから解放されるのです。称名念仏の功徳甚大なることを素直に信じることが救われる道の第一歩です。

身心を安楽にさせたいとする目的は、あくまでも成仏にあります。肉体的病気と精神面の苦しみのために成仏への修行ができないならば、まず身体と精神状態を健康にさせよう。すなわち健やかな体と康らかな心の状態にして、人格完成に向けて精進するようにさせようというのです。病気を平癒することは、成仏のための手段であって目的ではありません。したがって病気が平癒してからの修行を怠ってはなりません。

第八の大願は、転女得仏の大願です。

「私が来世に最高の悟りを得た時に、もし女性であるがゆえに苦しんで女体を捨てたいと思うならば、女性を男性に性転換して悟りの世界に導きます」。

精神的には男性であるのに肉体的には女性であったり、その逆に精神面は女性であるのに肉体面は男性であったり、それがために違和感があり、苦しんでいる性同一性障害者がいたならば、それぞれ希望に応じた状態にしてあげよう。苦を取り除き悟りを得させるようにします。経典の中では女性の百悪を論じ、男性でなければ成仏出来ないように受け取られる側面があります。インド社会は女性蔑視の傾向がありましたが、お釈迦さまは尼僧を許し成仏するのに男女の差はないとされています。

第九の大願は、安心正見の願です。

「私が来世に最高の悟りを得た時には、多くの人を悪しき集団の網から逃れさせ一切の間違った道から解放させます。また種々の悪い思想に陥ったならば、そこから引き上げ正しい思想をもった環境の中に置いて、徐々に菩薩の修行に導いた後に、速やかに悟りを得させます」。

第九の安心正見の大願は、第四の安心大乗の願にも共通します。一度悪しき集団とかかわりをもつと、抜け出したくても下手に脱走すれば生命にかかわるかもしれず、容易にその縄張りから出られません。朱に交われば赤くなるといわれるように、善き友を持つことが大切です。お釈迦さまは「善き友を持つことは人生のすべてである」と教えておられます。

人間の出会いはさまざまですが、自分にとって善き友か否かの判断は自分の責任ですが、その判断基準は人格形成において善き友となりえるかにあると思います。だが大事なことは、善き友を得たいと思うならば、自分が先に善き友になることです。

第十の大願は、苦悩解脱の願です。

「私が来世に悟りを得た時に、人々の中に法を犯したがゆえに縛られ、鞭を打たれ、牢獄に閉じ込められ、あらゆる刑罰を処せられ、身心に耐えがたき苦しみを受けていても、もし救いを求めて私の名を称える声を聞けば、福徳威神の力を発揮して、一切の憂いや苦しみから解放します」。

人間は感情の動物で、過ちを犯しやすい生き物です。自分に都合の悪いことがあれば怒り、邪魔するものを排除しようとします。怒りの感情のままに、殺人や盗みや暴行などの罪を犯したならば、それなりの刑を受けるのは当然です。

しかし犯した罪を心から懺悔して真人間になったならば釈放されてもよいでしょう。大事なのは心を入れ替え再生することです。お薬師さまは少しでもより良い人間になるよう福徳の神通力をもって働いてくださっているのです。

第十一の大願は、飲食安楽の願です。

「私が来世に悟りを得た時に、多くの人々が飢渇に悩まされ、食物を求めようとして悪行をしても、私を呼ぶ声を聞いたならば、上等な飲食を十分に与えて満足させ、その後に法味をもって安楽の世界に至らせます」。

動物にとって食欲は、睡眠欲と共に絶対に必要なものです。飢渇に苦しめば生きる意欲も衰えます。悟りの世界にも関心は薄れます。飢渇の苦しみを和らげるためには、何かを食べなければなりません。自分に食料の蓄えもなく、金銭もなければ、悪しきことと知りながら盗みをすることにもなりかねません。

先進国には飢渇に苦しむ人は少ないけれども、発展途上国には十億人もの餓えに苦しむ人がいます。現代の日本は飽食の生活をしていますので、飲食を満たす願は必要がないと思われるかもしれません。しかしいつ戦争が始まり飢渇に苦しむことが起きるかしれません。あるいは天災などで飢渇することがあるかもしれません。またエネルギーの使い過ぎで、天候異変が起き食糧難に襲われるかもしれません。

先進国の廃棄する食料だけで十億の飢餓に苦しむ人を救えるともいわれています。今の飽食の時代はいつまで続くか分かりません。因縁因果の法則に従えば、現代の贅沢な食生活のつけは必ず未来に訪れるでしょう。豊かな食生活に感謝をして食さなければ、日本は飢餓列島に転じるかもしれません。

「いただきます」「ごちそうさまでした」の言葉を、食前と食後に称えることを忘れないようにしたいものです。薬師寺では必ず食事の前後に食作法をします。その中に「対食五観」という食事に対して観ずる五つの言葉があります。それは次のようです。

一つには功の多少を計り、彼の来処を量るべし。

食卓に運ばれた食べ物は多くの人のお働きがあり、その人々の労苦を推し量り、感謝をしましょう。

二つには己が徳行の全と欠と多と減とをはかるべし。

自分の今日一日の徳行が完全であったか、欠けていたか、多かったか、少なかったかを良く反省をしましょう。

三つには心を防ぎ過を顕すは、三毒に過ぎず。

善心を抑え悪行を顕すのは、貪・瞋・痴の三毒の煩悩によるものであることを弁えなさい。

四つには正しく良薬を事として、形苦を済わんことを取る。

食事を良薬を飲むように食せば、苦しみから救われる。薬は、分量(睡眠薬でも過ぎれば永眠薬になる)、時間(食前か食後か食間か)、内容(病気に適しているかどうか)が大事です。

五つには道業を成ぜんが為なり、世報は意に非ず。

食事はそれぞれの道を完成するためであり、世間的な地位や名誉や報酬を目的とするものではありません。

以上のほかにも般若心経を称え、その他の言葉を称えますが、時間のない時は、「喜びと、感謝と、敬いの心をもって、いただきます」と短い言葉だけで済ますこともあります。

豊かな生活が出来ることを感謝しなければなりませんが、物が充足していると感謝の心が薄らぎます。むしろ不足している時に与えられると感謝は増大します。

第十二の大願は、美衣満足の願です。

「私が来世に悟りを得た時に、人々が貧しくて衣服がなく、虫に刺されたり、気温の寒熱のため、昼夜において悩まされて苦しんでいても、私の名を呼ぶ声を聞けば、好みに応じた見事な衣服を与え、自分の身を飾るさまざまなアクセサリーも与え、体に香を塗ったり、音楽や踊りを習得させたりして、皆を満足させます」。

人間生活をするのに衣食住は必要不可欠なものですが、その生活レベルに応じて衣食住も異なります。絢爛たる衣装を身に着け、豪華な屋敷に住み、贅を極めた料理を食したいのが人間の願望です。しかしお釈迦さまは、絢爛たる衣装を脱ぎ捨てて、ボロの衣類を身にまとい、豪華なカピラ城を出て、屋根もない樹下や石上で生活をし、断食をするなど、凡人の好むものと正反対の道を選ばれました。

贅沢な生活も慣れてしまうと飽きてしまうのでしょう。本当の幸せは豪華な衣食住にあるのではなく、質素な生活でもそこで満足感があれば幸せなのです。そうした高度な精神を持つためには時間が必要です。お薬師さまは苦しんでいる人を、高度な精神性の世界に導く前に、苦しみからの解放を優先し、正常な判断が出来るようになった後に、悟りの世界に導かれようとされているのです。

以上が十二の大願ですが、全体を通して感じることは、お薬師さまは現世利益の仏さまであることです。いろいろな苦しみで悩む人を救うことを大前提とされています。そのために高度な精神的、哲学的な教養を求める方には、薬師信仰はレベルが低いように思われるかもしれません。しかし繰り返しますが、苦しみを取り除くことは、悟りに向かわせるための方便であり、目的ではありません。また一般大衆にも親しんで礼拝されるためにも、身心を安楽にすることが必要なのです。

十二の大願を説かれた後に、さらにお釈迦さまは多くの聴衆に向かって説法を続けられました。

「薬師如来が菩薩の修行をしていた時に発した大願や浄瑠璃浄土の功徳は、無量の年月をかけても言い尽くせない。この浄土は清浄で、女性もいなくて、苦しんでいる人の声もなく、瑠璃を地とし金縄で道の境界を作り、建物の飾りは七宝を用い、西方極楽浄土の如く美しく荘厳され、皆が平等で差別はない。その世界には日光菩薩と月光菩薩がおられ、無数の菩薩の中で上首にあって、薬師如来の功徳を実現するため力添えをしておられる。信仰心のある人は浄瑠璃浄土に生まれるように願いなさい」。

お釈迦さまは、幾度も「文殊菩薩よ」と呼びかけ、十二の大願に述べた悪因縁はなぜ起こるかについて説法を続けられました。

「人々が、真の善と悪を識別出来ず、貪欲になって、施しをすることがいかに重大で不思議な幸せをもたらすことかを知らず、ただ財宝を集める守銭奴になり、寄付を頼まれれば不快になり、すべての喜捨を嫌い、たとえやむを得ず喜捨をしても、身や肉を切られる痛惜の思いをする。あるいは吝嗇な人が、せっかく集めた財産を自分も使わず、まして肉親や他の人には与えない。こうした者は命が尽きて死んだ後に、餓鬼や畜生の世界に生まれ変わるだろう。

しかし、生前に僅かでも薬師仏の姿を見たり、名号を聞いたり、称えたり、ましてて教えを聞いたことのある者は、餓鬼の苦しみに耐えかねて、薬師仏を思い出し、その名を念ずるならば、餓鬼や畜生の世界から戻ることが出来、自己の肉体を削ってでも、好んで他人に喜捨をすることに喜びを感ずるようになり、救われる。

また次に文殊菩薩よ、学問をしたことにより高慢になり、戒律を破ったり、正しい教えを誹謗したり、さらに深い教えを聞こうとせず、自分が正しく他は間違っていると否定し、悪魔の友となり、自己中心の生活をする人は、地獄・餓鬼・畜生の世界に尽きることなく流転する。もし薬師仏の名を聞けば、悪行を捨てて善行を実践し、悪の世界に落ちず人間界に生まれ、正しい努力をし、さらに深い義を理解し、慢心を離れ、正しい教えを誹謗せず、次第に菩薩行を修行し、速やかに円満な人格になるようにしよう。

また次に文殊菩薩よ、嫉妬深く、自分を誉め他人を謗り、地獄・餓鬼・畜生の世界に堕ちて無量の年月の間、苦しみを受け、人間界に生まれて牛や馬になり、鞭を打たれ、飢餓に苦しみ、人に生まれても貧困の生活をし、奴隷となって自由を得られず苦しんでいても、薬師仏の名を呼ぶ声を聞けば、その善因によって、仏の神通力で一切の苦しみから解放しよう。

また次に文殊菩薩よ、体と言葉と心で悪行を増長し、不幸になることを行い、人を殺し、その血肉を取って恐ろしい動物を祀り、怨みを持った人の名を書き、像を作って悪しき呪術で命を断じ、身を破壊するようなことをしたとしても、薬師仏の名を聞けば、悪事を出来なくし、みな慈悲の心を起こして安楽の境地になり、各々歓喜し互いに幸福を得させよう。

また次に文殊菩薩よ、僧侶や尼僧や仏教を信ずる善男善女が戒律を守った生活をしていたならば、その善行によって西方極楽浄土の阿弥陀如来のところに生まれ、正しい教えを聴聞したいと願い、薬師仏の名を呼ぶ声を聞けば、臨終の時に八大菩薩が出現して極楽浄土への道を示して、死の苦しみから逃れられるようにしよう。

あるいは善行によって天上界に生まれることもある。天上界の寿命が尽きても人間界に生まれ変わったならば、以前の人生とは異なり、君主となって世界を統治し、無量の人々が安らかな生活が出来るようにしよう。あるいは十善行（不殺生・不偸盗・不邪淫・不妄語・不綺語・不悪口・不両舌・不貪欲・不瞋恚・不邪見）によって、上流階級の家に生まれることが出来て、豊かな財産に恵まれ、容姿端麗、智慧聡明で健康で、大力士のようにしよう」。

そして、次にこのように言われます。

「もし女人が薬師仏の名号を称える声を聞きつつ、一生懸命に修行をすれば、後の世には女人の身を受けることがないようにしよう」。

この経文を読むと女性では成仏できないように受け取られますが、どうでしょうか。

女人成仏について

『薬師経』の中には、女性を蔑視するかのように受け取られる文言が出てきます。すでに第八の大願の場合にも、「女性の百悪に苦しめられ、女性を捨て去りたいと願うならば、一切皆、女性を転じて男性となり、悟りの境地を得させる」とあります。あるいは「東方浄瑠璃浄土は清浄にして女人が一人もいない」とあり、あたかも女性は不浄であるかのように受け取られます。

阿弥陀如来の四十八願の中の第三十五願にも、女人往生の願があります。そこには、「たとえ私（法蔵菩薩）が仏になることが出来ても、すべての限りない諸仏の世界の菩薩が、南無阿弥陀仏の六字の名号を聞いて、喜び信じ、悟りを開く心を起こし、女性の身を嫌いながら寿命尽きた後に、再び女性の身になるならば、私は決して仏になりません」とあり、女性を厭悪し男性にならなければ往生出来ないように受け取られるのも、女性蔑視のように思われます。

第八の大願の際にも述べましたが、古代のインド社会は男性優位でした。女性では仏や王や梵天王や帝釈や魔王にはなれず、五つの障害があるとされていました。お釈迦さまも当初は女性の出家は認められず、お釈迦さまの養母であるマハージャーパティーが再三出家したいと懇願されるのを拒まれました。

しかし弟子の阿難尊者が、お釈迦さまが悟りの道には男女の別はないと言われたことを引き合いに出して、養母の出家を認めるように進言しました。そのためやむなく許可をされました。するとその他にも多くの女性が続々と出家し尼僧の教団ができました。この阿難尊者が養母の出家をとりなしたことを、男僧たちは教団が乱れるとして非難しました。このことが原因で阿難尊者は、なかなか悟りの仲間に入れられなかったのです。

男性の中に女性が入ることにより、若い男性の気持ちが浮つき、修行に集中できにくくなる人がいます。これは人間の本能的な感情であり自然の本能でもあります。それゆえに目的を達成するまでは女性との友好を避けるのです。お釈迦さまも弟子に女性との接近を避けるように諭しておられます。たとえば道を歩いていて女性に出会っても女性を見るなと、もし見てしまったならば話をするなと、話をしても触れるなと言われました。

現代でも南方仏教の僧侶はそのことを守っています。ある時、スリランカの僧侶と京都の祇園に招かれました。舞妓さんと記念写真を撮ろうとした瞬間、血相を変えて拒否されました。彼のいうのには「日本の方は、南方仏教では女性と接近したことがもし本国で分かれば、教団から排斥されるという怖さを知らない」と証拠物件を残すことは困るということでした。まるで女性を魔女のように思っているのでしょうか。

日本には修験道の山がありますが、そこには女性が登れません。奈良の大峰山はいまだに女人禁制を継続しています。大相撲でも土俵上に女性を上げません。歌舞伎の役者も男性ばかりです。それに対し宝塚歌劇団は女性ばかりです。

学校でも最近は男女共学が増えましたが、昔は男性だけの学校や女性だけの学校が多くありました。男女共学では異性を意識し、勉学に集中しなくなるからでしょうか。

スポーツ選手を幼い頃から特別強化練習をするクラブでも、宝塚歌劇団のスターも、日本水泳のシンクロナイズの選手を厳しく指導する井村雅代氏も恋愛を禁止されているようです。どんな社会でも、一流になる人間を育てるためには、必要でない余計なものは禁じられます。恋愛以外でも、携帯電話の使用やテレビ鑑賞なども時間制にして、時間外使用を禁止しているようです。

キリスト教の神父さんやシスターさん、南方仏教の僧侶や中国の僧侶も独身です。人の救済に専念するために家族の存在は、愛情が二分されて布教活動の妨げになるとみるのでしょう。

本来、男女に人格的な格差はありません。肉体が女性なるがゆえに成仏できないということもありません。ただ男性としての特徴や女性としての特徴は、肉体的に違いがあるように、それぞれ違います。例えば力強さでも、男性は岩をも打ち砕く剛健的な力であること、それに対し女性は柳に雪折れなしというような柔軟的な力であること、あるいは男性は肉食系で闘争的であり、女性は草食系で平和的であることなどでしょう。それぞれの違いを尊重し、特徴を活かせば良いと思います。人によっては、肉体的には男性であるけれども、精神的には女性的であるという人や、逆に肉体的には女性であるが、精神的には男性的である人もいます。それが第八願で述べたように、性同一性障害者です。

職業でも男女それぞれに適した仕事がありますが、男女平等ということで男性的感性に向いたダンプカーや大型バスや電車の運転手、ボクシングやレスリングや柔道などの格闘技の選手にも女性が参加するようになりました。また女性的感性に向いた、生け花の先生や幼稚園の先生、病院の看護師や保育園の保母さんにも男性の人が働くようになりました。ということは、男性的感性を持った女性や女性的感性をもった男性が増えてきたということでしょうか。

いずれにせよ、お釈迦さまがおっしゃるように、悟りや成仏に男性女性の差別はありません。
さらにお釈迦さまの説法が続きます。
「また次に文殊菩薩よ、薬師瑠璃光如来が悟りの境地に至った時、本願力によって多くの人を見渡したところ、短命や横死で人々が病苦に悩まされているのに出会い、それら一切の病苦を除去しようと願って禅定に入り、肉髻（頭の髻）の中より大光明を放ち、光の中に大陀羅尼を述べられた。
ノウボウ　バギャバテイ　ヴァイセイジャ　クロ　ベイルリヤ　ハラバ　アラジャヤ　タタギャタヤ　アラカテイ　サンミャクサンボダヤ　タニヤタ
オン　ヴァイセイゼイ　ヴァイセイゼイ　ヴァイセイジャ　サンボリギャテイ　ソワカ
この真言を説き終わると大地が震動し、一切衆生の病苦が皆除かれ、安穏の楽を受けた。もし求めるところあれば、心して念誦せよ。みな無病で延年し、来世には浄土に生まれて不退転の位を得て、悟りの世界に至るであろう。ゆえに善男善女は薬師瑠璃光如来においておもむろに敬い供養するものは、常にこの真言を唱えることを忘れることのないようにせよ。

また次に文殊菩薩よ、浄信の男女がいて、薬師仏の名号を聞いた後に香華や焼香や塗香をもって多くの伎楽で薬師仏の像を供養し、薬師経を書写し、人にも書かせて一心に薬師経の意義を聴聞し僧侶に供養せよ。一切のあらゆる資材を施し、貧乏のないようにせよ。そうすれば諸仏の守りを受け、求める願いが満ちて悟りの世界に至るであろう。

その時に文殊菩薩がお釈迦さまに向かって申し上げた。私は像法の時代に、種々の方便をもって多くの浄信の善男善女に、薬師仏の名号を聞き、睡眠中にも名号を聞けるように会得させたいと思います。それには、この薬師経を理解し、読誦し、説明し、書写し、尊重し、華香、塗香、焼香、華鬘、瓔珞、幡蓋、伎楽をもって供養し、五色の飾りを持った袋を作って浄処を清掃し、講座を敷き、その上に安らかに座ったならば、四天王をはじめ眷属や無量の天人衆が皆、そのところに詣って供養し守護してくれます。この薬師瑠璃光如来本願功徳、及び名号を聞き、世尊の教えの通り修行すれば、横死なく、また諸々の悪鬼神に精気を奪われる者も、元のように身心安楽になると思います。

文殊よ、おまえの言うとおりである。もし浄信の善男善女が薬師瑠璃光如来を真に供養したいと思うならば、まず仏像を作り、清浄の座を敷いて安置し、種々の華を散らし、種々の香をたき、種々の幢幡で荘厳せよ。そして七日七夜にわたって戒を受け、清浄の食事をし、沐浴潔斎し、清浄な衣を着し、無垢な心で、怒りのない心で、一切の人々に利益安楽、慈悲喜捨、平等の心を起こしなさい。そして楽器を奏でて歌を賛え、仏像を右にして廻り、薬師如来本願の功徳を念じて、この経を読誦し、その意義を思惟して説きなさい。

そうすれば願いが皆遂げられる。例えば長寿を求めれば長寿が得られる。富を求めれば富が得られる。官位を得たければ官位が得られる。男女の恋愛を求めれば男女の恋愛が得られる。あるいは怪鳥が来襲したり、家に百怪が出現したりする悪夢を見ても、薬師仏を敬い供養すれば、悪夢や諸々の不吉なことがことごとく消え去り、憂いを感じることがなくなる。あるいは天災、人災、毒虫、毒蛇、盗賊などから守られて、日々安泰に暮らせるだろう。

また次に、文殊よ、浄信の善男善女が一心に仏法僧に帰依して、定められた戒律を守れば、もし在家信者の五戒十戒、菩薩の四百戒、僧侶の二百五十戒、僧尼の五百戒のうちで違犯して地獄に堕ちることを恐れ、薬師仏の名号を称え、供養に専念すれば、地獄・餓鬼・畜生の三悪道に生まれることはない。あるいは女性がお産する時に、極めて重い苦しみを受けても、薬師仏の名を称え、礼賛し、敬い、供養すれば、苦しみは除かれ、生まれてくる子供は五体満足で、しかも容姿は端正にして見たものは歓喜し、聡明で安穏で病気もせず精気を奪われることもなく、元気で育てられるであろう。

阿難よ、薬師如来の功徳を礼賛するのは諸仏の甚深の働きによるものであるが、それを理解することは難しい。おまえは理解出来るか。

阿難尊者が答えて言うのには、偉大なるお釈迦さま、私は如来がお説きになった教えは疑いません。なぜなら、一切の如来の行いは清浄で同じだからです。しかし信仰心はあっても、狭い視野に立ち薬師如来一仏だけの名号を念じ、多くの功徳をいただこうとすれば、不信を生じ、かえって誹謗を受け、長期にわたり人々への大利楽を与える力も失い、地獄や餓鬼や畜生界を迷うこととなるのではないでしょうか。

阿難よ、薬師如来の名号を聞いて一生懸命に理解し疑惑を持たなければ、地獄や餓鬼や畜生の世界に堕ちることはない。これは諸仏の甚深なる働きによるものである。おまえはこのことをよく理解しているが、これは皆、薬師如来の威力であると知りなさい。しかし悟りを得ていない未熟な者や大衆には、このことを理解することは難しいであろう。

阿難よ、人間に生まれることは難しい。仏法僧の三宝を尊重することも得がたい。薬師如来の名号を聞くことも得がたい。薬師仏の悟りを得ることはさらに難しい。いくら年月をかけて説明しても説明し尽くせないほど、薬師仏の行や方便や大願は広大無量である」。

救脱菩薩と阿難尊者の問答

「その時、聴衆の中の救脱という菩薩が、立ち上がって丁寧に合掌してお釈迦さまに申し上げた。

像法の時代に人々が、種々の憂いに困厄し長病につかれ、痩せて飲食もできず、のどや口は乾き、死相が顕われ、親族や朋友の者が泣きながらその周りに集まった時、閻魔法王の使いが病人を法王の所まで引率して行く。しかも人間には倶生神という神が宿り、その行いにしたがって罪や福を細かく書いて閻魔法王に渡す。閻魔法王は、その罪福それぞれにどんな業績があったかを聞き、それによって功罪を決定する。

その時、かの病人のために、周囲にいる者たちが、薬師如来に帰依して、大勢の僧たちに頼んで薬師経を読誦してもらうとよいのだ。その時に、七層の灯明、五色の続命の神幡を飾りなさい。そうすれば、魂が還って来るのである。七日目に意識を取り戻すであろう。あるいは二十一日目、三十五日目、四十九日目に魂の還った時に、自分の善行や不善行の果報を記憶する。そして自分が行った善悪の業績を反省するのだ。そうすればもう二度と悪を行うこともない。このゆえに、浄信の善男善女は、薬師如来の名号を理解し、敬い供養をしなければならない。

その時、阿難尊者が救脱菩薩に質問した。それでは、薬師如来を恭しく敬い供養するために、続命幡灯をどのように作ったらよろしいか。

救脱菩薩が答えていうには、もし病人がいて病苦から逃れようと思えば、その全快を祈る人が、七日七夜、八斎戒を受け、清らかな身心で、飲食物や品物で大勢の僧侶や貧しい人々に供養し、昼夜六回、礼拝や如来の周囲を行道して薬師如来を供養しなさい。薬師経を読誦すること四十九回、四十九の灯明をつけ、薬師如来の像を七体造り、それぞれの像の前に七灯を置き、車輪のように大きな灯明台に四十九の灯をつけて、四十九日間光明を絶やしてはならない。また、続命幡は手の親指と中指を張り広げた長さの四十九倍、そして四十九匹の生き物を放てば、病人は危険状態を脱し、いろいろな横死に出会うことがなくなるであろう」。

ここで四十九という数字が何度も出てきます。『薬師経』で特にこだわる数字は七と十二です。七という数は奇数の三でも偶数の二でも割り切れません。一桁で割り切れない数は、三と五と七です。この中で一番多い数です。なにか七という数は神秘性を感じます。野球でも七回目をラッキーセブンといい、良いことが起きそうなイニングです。一週間は七日です。七福神や七仏薬師もあります。七の七倍は四十九です。人が死んで七日ごとに廻向をし、四十九日を満中陰として特に丁寧にお参りをします。一周忌の次は、二年目ですが三回忌とし、六年目を七回忌、次は十三回忌、十七回忌、二十三回忌、二十七回忌、三十三回忌ですが、一般の家庭では三十三回忌で成仏されたとして終わります。後は五十回忌、百回忌と切りのいい年数にします。五十回忌や百回忌を勤められるのは、めでたいことです。

それに比して十二は、偶数の二でも奇数の三でも割り切れる数字で、スカッとする明るさを感じます。陰陽で見るならば、七は陰の代表であり、十二は陽の代表のように思います。薬師如来の大願は十二です。『薬師経』の経題は「薬師瑠璃光如来本願功徳経」で十二文字になっています。阿弥陀如来の大願は四十八で十二の四倍です。一ダースは十二です。一年間は十二か月で、一日は二十四時間で十二の二倍です。『薬師経』には七と十二が好まれているようです。両者とも魅力的な不思議な数字です。

「また阿難よ、国王や、貴族などに災難が起こる時がある。疫病が流行したり、他国から侵略されたり、自国の者から謀反を起こされたり、天変地異など、あらゆる災難が起こる時には、すべての人々に慈悲の心を起こし、前に述べたように薬師如来を供養すれば、この善根と如来の本願力によって、国も安泰となり、風雨も順調になり、穀物の収穫も良くなり、すべての人々の病がなくなり、国中に暴悪な者も消え去り、皆が幸せになるだろう。

もし王宮の中の国王や王妃や大臣や女官や役人たちが、病に苦しめられた時には、五色の神幡を造り、灯りをつけ色々な動物を放ち、花を散らし、名香を焚けば、病は除かれ、諸々の難から逃れられ、平和な日々を送ることが出来るであろう。

その時、阿難尊者は救脱菩薩に、すでに尽きた命を長らえるために利益を増すにはどうすればよいかと質問した。

すると救脱菩薩は、薬師如来からなぜ九横の死があるかということを聞いただろう。横死を免れるためには、前に述べたように続命の幡灯を造り、諸々の福徳を行え。福を行うことにより、寿命が尽きるまで苦しみをしない、と。

阿難尊者が、その九横死とはどういうものであるのかと質問すると、救脱菩薩が答えて言う。

九横死とは、第一は、諸々の人が、軽い病気にかかったと思っても、医薬がなく看病人もなく、また医者がいても誤診や薬害に遭ったりして、死ぬような状態ではなかったのに死に至る。また邪教や間違った教えで説かれた禍福を信じて恐怖心を抱き、占いに凝り、人びとを殺し、延命を願っていても、叶わず死んでしまい、その上、地獄に落ちて出ることも出来なくなる。

第二は、刑罰に処せられ命を落とす。

第三は、狩りを楽しんだり、淫にふけったり、酒をたしなみ過ぎて、精気を奪われ命を落とす。

第四は、焼け死ぬ。

第五は、水死。

第六は、いろいろな悪獣に喰われて命を落とす。

第七は、崖から落ちて命を落とす。

第八は、毒薬や人に怨まれたり、物にとりつかれたりして、害されて死ぬ。

第九は、飢渇に苦しめられ、飲食なく餓死する。

以上が九種の横死であるが、まだ他にもいろいろの横死があるけれども細かく述べることは難しい。

また、もし人々が親不孝をしたり、仏法僧の三宝に辱をかかせたり、国法を破ったり、悪の道から立ち直らぬような者がいれば、閻魔法王は罪の軽重によって罰せられるのである。ゆえに、人々に薬師如来の供養をし、灯明を灯し、幡を造り、生き物を放生し、善を行い、苦厄を救い、いろいろな難に遭わないようにするのである」。

現代社会は世界的な規模で横死が増えているように思います。車や飛行機や船舶などの交通事故死、テロリストや無差別爆撃などによる被爆死、麻薬などの使用による薬害死、医者の誤診による死、火災による死、地震や津波などの天災による死など、予期せぬ事故に遭遇します。こうした横死に遭遇しないために、薬師如来を丁重に供養するのです。そうすればいろいろの難を逃れられるのです。

「その時に、大衆の中に、十二人の夜叉を統率する大将がいて、ともに会場に座っている。

薬師十二神将

（神将）	（本地仏）		（持物）
ビカラ大将	釈迦如来	子神	三鈷
ショウトラ大将	金剛手菩薩	丑神	太刀
シンダラ大将	普賢菩薩	寅神	宝珠と宝棒
マコラ大将	薬師如来	卯神	斧
ハイラ大将	文殊菩薩	辰神	弓矢

インダラ大将	地蔵菩薩	巳神	鉾
サンテラ大将	虚空蔵菩薩	午神	法螺貝と鉾
アンニラ大将	摩利支天	未神	矢
アンテラ大将	観世音菩薩	申神	宝珠
メキラ大将	阿弥陀如来	酉神	独鈷
バジラ大将	大勢至菩薩	戌神	剣
クビラ大将	弥勒菩薩	亥神	太刀

この十二の神将に、各々七千の眷属あり、同時にお釈迦さまに向かって異口同音に声を上げて誓いを立てました。

私たちは、お釈迦さまの説法によって、薬師瑠璃光如来のすべてを聞くことができました。もう、地獄や餓鬼や畜生などは恐ろしくはない。私たちは力を合わせ、命が尽きるまで一生懸命に、仏法僧に帰依し、人々に教えを伝え、幸せになるよう守っていきます。

したがって国の中のどこにいても、この薬師経を広めよう。あるいは、薬師如来のすべてを理解し、恭敬し供養する人には、我ら眷属が守り、一切の苦難を取り除きます。そしてあらゆる願いをことごとく満足させます。

また、苦しむ人々には、この薬師如来本願功徳経を読誦し、五色の紐で結び、薬師如来を恭敬供養します。

お釈迦さまは十二神将を褒めて、善いかな善いかな、おまえたちは薬師瑠璃光如来の恩徳に報いようと思うならば、このように一切の人々を幸せにせよ。

その時、阿難尊者がお釈迦さまに質問しました。

今、お聞きした薬師如来についての説法を、何と名づけ、我々はいかにそれを実行すればよいのですか。

この説法は、薬師瑠璃光如来本願功徳経と名づく。または、十二神将が人々を幸せにすることを決願した経。または、一切の業の障りを抜除する経と名付ける。この名の通り実行せよ。

このお釈迦さまの説法を聞いた菩薩、声聞、国王、大臣、バラモン、居士、天竜、夜叉、その他、一切の大衆が大いに歓喜して、信受して、各々が実行するようになった」。

以上で『薬師経』にもとづく説明は終わりです。

すべての仏典は「如是我聞」（是の如く我聞けり）で始まり、「一切大衆聞仏所説皆大歓喜信受奉行」（一切の大衆は仏の説く所を聞いて、皆、大いに歓喜して行い奉る）で終わっています。

経典は、お釈迦さまの説法を聞くだけでなく、聞いたことを行い奉ることが肝要です。あくまでも人格の完成に向かって実践するために編纂されたものであるからです。

〔この節の記述には、飯塚幸謙著『薬師如来』（集英社、一九八七年）を参照しました。〕

お薬師さまのご加護

ご祈願が通じて

一般的に私たちは神仏の前に立って礼拝する時、何かを祈願します。その祈願の内容は、大きな願いから小さな願いまでさまざまです。

大きな願いというのは、世界が平和でありますようにとか、核兵器の廃絶が実現しますようにとか、世界の民が飢え死にをしないようにとか、万民が豊かに楽しい生活が出来るように、などの願いです。

中くらいの願いならば、自分を含む、やや多くの人のための願いで、例えば自分の国の安泰や、自分の会社の繁栄や、自然災害に合わぬようにとか、神社仏閣などの建設・復興などです。

小さな願いとは、自分のみの幸せを願う、身体健全、受験合格、縁談成就、病気平癒、夫婦円満、家内安全、交通安全、子孫長久、商売繁盛、立身出世などです。

このような、こちらから一方的に願うより、むしろ今日までご加護をいただいて生かされてきたことに、感謝をする祈りもあります。しかし多くは、個人的な祈願を込めて参拝する人が最も多いように思います。

人間のみならず生きとし生けるものは、すべてまず自分の幸せを願っています。ただ人間は自己の生理的な欲望を満たすだけでは満足感が得られず、他の人の幸せのために行動するところに、満足感を味わうこともあります。時には自分の生命を犠牲にする場合もあります。そこが「人間は万物の霊長」といわれるゆえんです。霊長の霊とは精神であり魂です。精神や魂が他の生き物よりも優れているというのです。せっかく私たちは人間として生を受けたのですから、人間に与えられた特徴を発揮したいものです。

私はお薬師さまに礼拝する時は、私を生かしてくださっているすべてのものに感謝の念を捧げます。すべてとは、空気であり、太陽の熱であり、月の引力であり、大地であり、食物であり、水であり、人々などです。それらの象徴として一つのお姿を現しているのが、お薬師さまだと思って礼拝しています。そして時には、天下泰平、万民豊楽、五穀豊穣や、人さまの個人的な願いが成就できるようにお取次ぎをしています。お取次ぎをした結果はさまざまです。

しかし、こちらからみ仏に頼むばかりでなく、こちらの生活態度も正さなければなりません。人から頼まれたことは心をこめて努力することも必要です。

手前味噌になりますが、お許しください。私の妻は国連NGO-5の一つである「国際ソロプチミスト」という国際的な女性の奉仕団体に四十数年近く所属して、さまざまな奉仕活動をしております。また全国のソロプチミストで維持している公益財団法人ソロプチミスト日本財団の理事としても、責任ある活動をしています。妻は人さまの世話をするのが好きなのか、自分のことは後にして人さまのことを優先する、「己を忘れて他を利する」という伝教大師の教えを実践しているようにみえます。家事全般も担当していますが、充分ではありません。

過日も北陸からのソロプチミストの友が十五人、薬師寺に拝観に来られました。拝観者は感激され、後日にその中のおひと方から礼状が届き、大満足された喜びが綴られていました。

「この度はおかげ様で　最高のおまいりをさせていただきました。まだ夢をみている心持です。御仏はもちろん伽藍のさまざまの解説も微に入り細にわたって　一日中感動に浸っておりました。おまけにと申しては失礼ですが　平山画伯の大作も目のあたりにし　薬師寺の一日は正に極楽の現代版でした　お心のこもった御案内　御接待をいただき何と御礼を申し上げてよいやら　まことに言葉もございません　でものびやかに　あの寺院をみまもりつつ　おすごしされている人々は　貴女様を含めて筆舌につくしがたい　おしあわせな方々ですよね　いずれ写経を納めさせていただきたく存じております　御礼万々しためました　家族や知人に感激をふりまいております　ご丁寧な御案内の方々にも何卒宜しく御礼を　かしこ」

このように、せっかく来られたのだから、徹底した世話をしたいというのが、妻の性格であり信念でもあるようです。人の幸せのお手伝いをすることによって喜びを共有しているようです。誰に対しても気配りをするのです。感謝の言葉を忘れず親切にする行動は感心するばかりです。そのように誰にでも全身全霊で接するのです。そうすることによって、善き友が増えるのです。無償の愛は神仏に通ずるように思われます。

また妻は神仏への信仰心が篤く、知人が病気で苦しんでいる方があれば、頼まれもしないのに、すぐにお薬師さまにご祈願をしています。薬師寺では毎月八日が縁日にあたり、多くの僧侶により大般若経六百巻の転読法要が営まれます。その時に知人のご祈願を自分が供養料を出して受付に依頼するのです。縁日が過ぎて一か月先の縁日まで待てず、緊急を要する場合には、私が妻から頼まれてご祈願をする場合もあります。

ある夏の日のこと、あまり深い面識もないある県のソロプチミストクラブの方と、電話で周年行事の話をしているうちに、その人がヘルペスに罹り、治療を受け、いろいろな薬を飲み、その薬害により全身がかゆくなり、苦しみ悩んでいるという話を聞きました。すると妻は同情して、私に無地の団扇を差し出し、ここに何か見舞いの言葉を書いてほしいと頼みました。そこで団扇の一面に「平常無事」と書き、他面に「病気平癒　南無薬師如来　オンコロコロセンダリマトウギソワカ」とお薬師さまのご真言を、病気平癒の祈りを込めて書きました。妻はさっそくそれを他の見舞い品とともに宅急便で送りました。

すると数日後に、その知人から妻に礼状が届きました。その礼状を見て内容に驚き、仏の不思議な威神力を感じました。その手紙には、こうありました。

「前略、ごめん下さい。先般有り難い品々を御恵贈いただきましてから二日を経てしまいました。御礼申し上げるのがすっかり遅くなってしまい、申し訳ございません。この数日、不思議な体験をいたしました。御長老様に念を入れていただいた美濃のうちわであおいでいるうちに眠くなり、うちわを持ったまま三十分ほどもソファで眠ってしまい、主人に起こされて、そのままベッドに入りました。翌朝、右脇の痛みで目が覚めたのですが、かゆみはすっかりなくなっておりました。昨日は理事会日でしたので、痛み止めを呑んで出掛けたのですが、帰宅するまでに痛みが和らいでおりました。今日は久しぶりに気分良く、二十三日の準備に時間を割くことが出来ました。只今帰宅いたしましたが、不思議なことに、あの不快だった日々が嘘のように感じられるほど体調が回復した証しか、疲れが出ておりません。御蔭様で周年式典にむけて明るい気持ちで皆様をお迎えすることが出来ます。本当に有難うございました。御礼かたがたご報告を申し上げます」。

ご本人も不思議に思っておられるようですが、きっとお薬師さまの慈悲のお働きがあったのでしょう。ちょうどお薬師さまのご加護について執筆中でありましたので、手紙の文をそのまま掲載させていただきました。

よく、オンコロコロセンダリマトウギソワカとは、どういう意味ですかという質問を受けますが、いろいろな解釈があるようです。

オン（南無）というのは、帰依するという意味です。

コロコロというのは、早くという意味。

センダリというのは、身分の低い民のこと（カースト制による）。

マトウギというのは、女性の名前。

ソワカというのは、幸あれとか、成就という意味です。

要約しますと、すみやかに早く一番貧しい人の願いも成就させてくださいということになります。

ご真言には人智では及ばない不思議な力があるように思います。こうした団扇に書いた文字が力を発揮するなどといえば、非科学的であり、だから宗教は信じられないと言われそうです。たまたまかゆみが収まる時期に来ていたに過ぎない。仏の威神力などではないと否定されるかもしれません。しかし、ご本人は妻から贈られてきたさまざまな見舞い品に友の温もりを感じ、深く感謝しつつ眠りに入られたのです。この深い感謝の心が、良いホルモンを分泌して快方に向かわせたのかもしれません。

もう二十年以上も前のことですが、妻が更年期に入り体調を崩し、足腰が不自由になって畳の上での生活が難しく、テーブルでも椅子席でなければ立ち上がれず、寝起きする布団でもベッド式でなければ一人で起きられず、苦しんでいた時がありました。

その頃に、中国広州体育学院の自然気功の創始者である曾広鍔先生が、武術大会で来日され、帰国前の奈良観光で薬師寺に拝観に来られました。単なる観光目的でしたが、薬師如来の前に立った時、曾先生が「薬師如来から『気』が出ている」と驚かれました。「奈良でたくさんの仏像を拝見したが、この仏さまが最高である」と感激され、知人の紹介で案内していた妻を薬師如来と対面させ、薬師如来の「気」を妻に送られました。すると妻は、不思議と体が楽になり、不自由であった足腰が自由になりました。

妻の回復ぶりを知った友だちが自然気功に関心を持ち、同好者が輩出しました。そして薬師寺の中で同好者が夏季に曾先生を招き、自然気功の会を開いていました。冬季には広東省に赴き、曾先生と共に気功を続けていました。いろいろな気功が中国で健康法として行われており、なかには樹齢が数百年以上もする大木から気が出ているといって、大木を抱いたりしている姿を見たこともありますが、薬師如来から気が出ているというのは初めてではないかと思います。妻の健康が回復したのが、自然気功のおかげなのか、薬師如来の慈悲のお力が働いてくださったおかげなのか、お薬師さまの面前で体調が平癒したのです。

仏像にいろいろあっても、気の出方に違いがあるというのも不思議なことです。その違いは、仏像を作らせた発願者である天武天皇の念か、それとも純粋な気持ちで製作した仏師たちの念か、仏像に向かって一心に祈りを捧げてきた僧侶たちの念の強さ加減にあるのではないかと思うのです。天武天皇の皇后や堀河天皇の皇后が祈願して病気が平癒されたように、薬師寺のお薬師さまは千数百年の念が籠り霊験あらたかであるのです。

仏像には表面上の造形美の奥に潜む、何か不思議な優れた力があるように思います。仏像は鑑賞するものではなく拝観するものです。心静かに薬師如来から出ている「気」を取り込むようにしたいものです。

お薬師さまは、すべての生物を生かそう生かそうと、良い方向に向かわせるべく働いてくださっている、エネルギーのようなものではないかと思います。

病身体であればそれを健康体にしよう、もし内臓が不具合になれば、痛みを生じて警告を鳴らしてくださるのです。皮膚に傷が出来れば自然に瘡蓋ができ、しばらくすると元の皮膚に戻ります。夜に寝ている時は、意識はありませんが、自然に呼吸をしています。心臓は鼓動して脈を打ち、血液は休みなく循環しています。無意識のうちにも誰かが動かしてくださっているのです。私を生かそうとしている不思議な力が、お薬師さまだと受けとめています。私たちは、自力で生きているように思っていますが、本当はお他力によって生かされ、生きているのです。そのお他力に感謝の念を持ちたいものです。

危難から護られて

私は二十三歳の時に運転免許を取得しました。薬師寺には奈良のトヨタ自動車から寄贈を受けた小型の車が一台ありました。その後、中型車を購入し新幹線が開通するまでは、東京までも運転していました。私は車を運転して過去二回、危ない事故に遭遇しかけました。

一回目は、運転免許を取得して間もなく、東京に向かった時です。少しでも早く東京に着きたいため、止まることなく走り続けました。昼食はおにぎりのみ、止まったのはガソリンの給油とトイレの二回だけでした。箱根の山を越える頃、深い霧に包まれました。前方があまり見えず、センターラインを見ながら時速六十キロのスピードを出し走行していました。すると突然、目の前にガードレールが見えました。道がカーブしていたのが見えなかったのです。急いでハンドルを左に回しましたが、回りきれず車の後部をガードレールにぶつけました。もし前方から対向車でも来ていたならば正面衝突をし、おそらく即死していたでしょう。無茶な運転をしたものです。

もう一回は、四日市と名古屋を結ぶ名四バイパスを走っていた時です。私の左側を走っていた車が急にスピードを上げて、私の車を追い抜こうとしました。そこで抜かされてなるものかと、負けずに私もスピードを八十キロに上げました。すると前方に一人の農夫が広い道を横断していくのが見えました。農夫は横断し切ってしまうだろうと予測して、スピードを落とさずそのまま走り続けました。しかしその農夫が道の中央で立ち止まってしまったのです。そのまま直進すれば農夫を跳ね飛ばす結果になっていたでしょう。とっさに私は、左側には他の車が走って来るので左には曲げられず、右にハンドルを切り、かろうじて農夫を避けて迂回したために、事故に至りませんでした。若気の至りの暴走運転です。

五十年経った今も、この二回の事故を思い出すたびに寒気を感じます。私は他車を抜かすことがあっても抜かされることはほとんどない「暴走族」だったのです。それが高齢になると心も落ち着き、追い越し車線を一切走らずに左車線を走り、他車を「お先にどうぞ、お先にどうぞ」という気持ちでゆっくり運転をするようになりました。

薬師寺の管主になってからは一切運転を止めました。そのきっかけは、奈良に勤務する新聞記者から、「奈良の六大寺の管長さんは、車の運転をしないでほしい。もし事故があったならば、書きたくない記事を書かなければならないから」という申し出を受けたからです。しかし免許証の更新だけはしましたが、八十歳をもって免許証の更新も止めることにしました。

上記の二回の運転で、もし大きな事故になっていたならば、命を落とすか、身体を傷つけていたでしょう。あるいは人を跳ねて犠牲者を出したりしていれば、今の私はなかったと思います。まさしく幸不幸も紙一重の差です。

せっかく幼い時に出家し、世間の皆さまに何のお返しもしないうちに、命を落としてはならない。薬師寺の将来にもっと貢献する人間に育てたいとする、お薬師さまの慈悲のお働きがあったのであろうと思いたいのです。そう思うと、ご加護をいただいたおかげを感謝せずにはいられません。

お薬師さまの法要

毎日の法要

薬師寺では、お薬師さまの前で厳修する法要に三種あります。一つは毎日の法要、二つは毎月一回の法要、三つは年に一回の法要です。

毎日の法要は、寺内僧侶による朝五時の勤行です。月一回の法要は、八日に大般若経六百巻の転読法要を中心に勤めています。年一回の法要は、毎年三月二十五日から三月三十一日までの一週間、修二会薬師悔過の法要です。修二会は東大寺のお水取りと同じで、寺の最大の行事です。昔は旧暦の二月に行っていたため修二会と名付けられています。今日ならば修二会でなく修三会というべきでしょう。

この三つの中で若い頃に一番辛かったのが、毎朝五時の勤行でした。どんなに夜遅く寝て睡眠不足でも起きなければ罪人のように叱られました。早朝の起床は小僧にとっては、特に奈良の冬の寒さは格別で、みな辛かったのです。それが毎朝欠かさずに勤行をする決意をしてから、続けることの大事さを味わいました。朝の勤行が習慣として身に付き、体に時計があるように、自然に目が覚めるようになりました。

辛かった勤行が、苦しみでなく楽しくなりました。新鮮な気持ちでお薬師さまの宝前に額ずくと、リフレッシュされたように爽やかさを覚えるのです。そしてお薬師さまとの距離が縮められるように感じました。毎日欠かさず勤めていると、他の人から敬意の眼でみられるようになりました。一定期間の修行でなく、「日々是修行」という気持ちで続けました。

勤行内容は、金堂で声明と般若心経、法華経寿量品、唯識三十頌、薬師経の十二大願、そして読経の間に特別に頼まれたご祈願をします。金堂での参拝を終えた後は、東西両塔、八幡社、大講堂、食堂、玄奘三蔵院などを参拝します。最後に持仏堂で観音経、阿弥陀経を読誦し、先住の僧や結縁者の物故者や、日本各地での災害による犠牲者のご廻向をします。

以上、約一時間の諸堂参拝を終えてから、茶粥と漬物だけの朝食です。こうした毎朝の勤行を一山の僧侶が揃ってすることは、薬師寺の貴重な日課です。これは橋本凝胤師尚の長年にわたる厳しい指導のおかげです。

なぜなら、薬師如来は衆生済度のために慈悲の光を常に発し、目に見えない強い力をふりそそいでおられるのです。我々薬師寺の僧侶は、その如来の御心を全身全霊で感受し、本願を受け止め成就する力を身に付けることができる、最も有り難き存在なのです。

薬師如来の御力を、人類の幸せのためにお取次ぎできる人間となるためには、

「必死の行」が必要とされます。毎朝の単純な勤行の継続は、これらの使命を全うするための最も大切な薬師寺僧侶としての行いなのです。

毎月八日の薬師縁日

いつの頃からか分かりませんが、遅くとも平安時代以前から、仏・菩薩・諸神を一か月に配当し、その日を縁日とするようになりました。それによりますと、薬師如来は八日、観世音菩薩は十八日、地蔵菩薩は二十四日、不動明王は二十八日です。

それにちなんで、薬師寺でも毎月八日を薬師縁日として、末寺の僧侶とともに法要を厳修しています。法要では玄奘三蔵が翻訳された大般若経六百巻を転読するのが主になっています。なぜ転読というかといえば、本来の経典は巻物でしたので、読む時にはころころと転がしながら読んだからです。しかし現在は折れ本になっていますので、転がすのではなくアコーデオンのように両手でパラパラと広げて読みます。それも一文字ずつを読むのではなく、冒頭の「大般若波羅蜜多経」という経題と、第何巻目であるという巻数字と、唐の三蔵法師玄奘が詔を奉って訳したという個所を「唐三蔵法師玄奘奉詔訳」と大きな声で唱えます。そして一冊を読んだ後ごとに経本をポンとたたき、読み終えたことを確認します。大般若経転読法要は禅宗でもよく厳修されます。読む速度や節には多少の違いがありますが、功徳は同じです。

『大般若波羅蜜多経』は六百巻もあり、字数は五百万字に及び、全経典の中でも最も膨大な経典です。玄奘三蔵は帰国してから太宗皇帝の庇護のもとに十九年間、ひたすら翻訳に専念されました。玄奘三蔵が翻訳された数は、千三百三十五巻ですが、そのうちの半数に近い六百巻が、この『大般若波羅蜜多経』です。翻訳期間は六六〇年の一月一日より六六三年の十月二十日までの三年十か月を要しています。そして六六四年二月五日に遷化されました。

般若波羅蜜とは智慧の完成であり、その内容は空の思想で支えられています。この『大般若経』六百巻の翻訳が完成した時、玄奘三蔵は、「鎮国の要典・人天の大宝」と讃嘆されました。それほど貴重な経典であり玄奘三蔵は特別に尊重しました。

続いて弟子たちから、『大宝積経』の翻訳も要請され、少しは始められましたが、『大般若経』と同じほどの分量があり、体力的に無理だと判断され止められました。それだけ『大般若波羅蜜多経』の翻訳に精魂を込められたのです。お経は見ただけでも功徳があり、読めばさらに功徳があると言われます。そこで『大般若経』を読めば計り知れないご利益が得られると信じられたのです。

僧侶が懸命になって転読している間に多くのご祈願が寄せられます。導師は寄せられた一人ひとりのご祈願を丁寧に読み、それをお薬師さまにお取次ぎをするのです。ご祈願の内容はさまざまですが、誰しも願う病気平癒や健康に関するご祈願が最も多いのです。人の幸せを祈るのは、慈悲の祈りとでもいうべきでしょう。

導師の表白には、大般若経転読の功徳が説かれています。少し難しい言葉がありますが抜粋しました。

「時代末に及びて事に触れて恐れ多く、……時に随って障り来る。是を以って仏法の功力に非ずんば　内外の障難を払い難く、三宝（仏法僧）の冥助に非ずんば　心中の所願を成就難き者哉。

今の経（大般若経）は無相の義を顕す　説く所は色即是空　無二無別の旨顕す所は住無所住　得無所得の理なり　……

万法空寂なれば　怖畏の障難　皆空に帰し　諸法実相なれば　福徳寿命　自づから増長す　之に依って三毒の病たちまちに除き　……四魔の難　速やかに退く　諸々の怖畏の事　皆自づから消除すと説けり　七難九横も　犯すべからず　天龍鬼神も常に守護するが故にと述たり　悪鬼邪神も　祟りを成さざる者なり

誠に是れ　転禍為福の大計　除病延命の要術なり
然れば即ち　一文一句の結縁勝利　一に非ず　暫時聴聞の功徳霊験甚だ多し
況や四処十六会の真文舌に囀り　口に誦す　二百六十五品の妙説　心に係け
手に捧ぐ　得益　尤も測り難し　之に依って三世の諸仏は　般若の恩を　報ぜ
んが為に　転経の砌に影向し　十六善神も亦　往昔の誓いを念じて　称揚の人
を守る
仰ぎ願わくば　三世仏母　伏して乞う　十六善神　転経の善根を
証明し　大法主の所願を　成就せしめ給え　乃至法界　平等利益」
難しい文章ですが大般若経の転読が、いかにありがたいことであるかを述べ
ているのです。
さらに導師は神分といって、三千余座の神々様の来臨を乞い、次のようない
ろいろの願いを祈ります。
「天皇陛下の玉体安穏　天長地久御願円満

本願三大聖霊（天武天皇・持統天皇・元明天皇）の御増進仏道
国土安穏　五穀成就　消除不祥　消除悪事　寺社安穏　伽藍安穏　興隆仏法
当寺繁昌　修学不退　諸人快楽　平等利益」

六百巻の転読が終われば、導師が最後に「降伏一切大魔　最勝成就」と唱えます。

薬師寺では玄奘三蔵を顕彰するために、平成三年に玄奘三蔵院を建立しました。その記念に多くの結縁者を募り、大般若波羅蜜多経六百巻を手分けして二部書写しました。その一部は、西安郊外で玄奘三蔵のお墓のある興教寺に――薬師寺が涅槃堂を寄進し、その落慶法要を記念して――奉納し、他の一部は、薬師寺に奉納させていただきました。

さらに後年、同じく大般若経六百巻を二部書写し、西安の大慈恩寺に、他の一部は薬師寺に奉納させていただきました。したがって、合計四部の大般若経を書写していただいたことになります。大般若経は読むだけでも大変なのに、それを書写することは大事業です。信仰心の篤いお写経行者の皆さまのお力添えに頭が下がります。

お写経の起原は、印刷のない時代に仏教を伝達する手段として行われました。そのために多くの僧侶や写経生が、仕事として書写しました。留学僧も中国で学んでいる間に、必死になって書写されました。今日のような印刷やコピーが容易にできる時代には、お写経をする本来の意味はありません。しかし法華経などにも説かれている通り、お写経をすることに不思議なご利益があるのです。

お経は仏さまの言葉であり、仏さまそのものです。お写経をすることは、仏さまに直に触れることになるのです。お写経をすると、心が洗われ清浄になります。さらには自分の犯した過去の罪業を消滅し、先祖のご供養も出来ます。

薬師寺に納められたお写経ならば、薬師寺がある限り、未来永劫にご供養されます。過去・現在・未来の三世にわたってご利益が得られます。今日では一般の老若男女の方々が、朝早くから来られ、静かにお写経道場でお写経をされています。お写経を一般大衆にまで、広く普及されるようになったのは、高田好胤管主の功績が大きいと思います。

仏教といえば、仏さまや、お経や、僧侶を連想するように、同じ仏教でも、禅宗といえば坐禅、浄土系の宗派ならば南無阿弥陀仏の念仏、日蓮系統なら南無妙法蓮華経のお題目が象徴的です。そうした中で、薬師寺といえばお写経の寺として有名になりました。

高田好胤師が薬師寺の管主に晋山した翌年の昭和四十三年の六月より、お写経勧進を始めてから、平成三十年で満五十年になります。当初百万巻を目標にして始めましたが、今や九百万巻に達し、一千万巻も手の届くところになりました。やはりお写経をされる方をはじめとして、一山の僧侶が毎日続けてきた努力の結果です。「継続は力なり」です。「塵も積もれば山となる」という言葉を思い出します。

毎年三月の修二会薬師悔過法要

薬師寺の修二会薬師悔過法要は、奈良時代から続いて厳修されています。一月には修正会といい、吉祥悔過法要が行われていました。悔過というのは過ちを悔いることです。薬師如来の宝前で自分や他の人の犯した罪を懺悔するのです。

薬師寺は薬師如来の宝前で懺悔しますから、薬師悔過法要といい、東大寺は二月堂で、本尊である十一面観音さまの前で懺悔をしますので、十一面観音悔過法要といいます。東大寺の僧侶は二週間、僧坊に籠りますが、前加行を加えると三週間になります。お籠りの僧は、籠っている三週間は別世界にいるように感じるそうです。例えば親族などに急な用件があっても、参籠の僧には知らせません。それほど、娑婆世界とは厳格に遮断されているのです。修二会を通称お水取りというのは、三月の十二日の夜に、若狭の井戸から水をくむ儀式があるからです。

薬師寺では修二会を花会式といわれます。薬師寺は当初は一週間の前加行と一週間の本行で二週間行っていましたが、現在は一週間です。一週間でも平素の生活と異なり、籠りの僧は心が引き締まり、行の有り難さを感じます。日に六回（初夜・半夜・後夜・晨朝・日中・日没）の法要を勤めることから、六時の行法といわれますが、現在は初夜と半夜、後夜と晨朝を一緒に行い、日中と日没とを続けて行いますから、三時の行法のように思われます。

過ちを懺悔することは、キリスト教でも重視されています。懺悔は宗教的な生活の基本でもあります。宗教者は心を清らかにすることを必要とします。過ちを犯したままで放置しておくと、いつまでも心は穢れたままです。そのため懺悔すれば心が清められるのです。それはちょうど器に入っている泥水を美しくするようなものです。濁った水を美しい水にしようと思い、清水を混ぜても完全に澄んだ水にはなりません。澄んだ水にするには、まず器の泥水をすべて外に流して中を空にし、そこへ清水を入れれば澄んだ水になります。心の浄化と同じです。

しかし自分は何も罪を犯していないから、懺悔などする必要はないと思う人もおられるかもしれません。しかし罪といっても直接に人を殺したり、他人の財産を奪ったり、不倫をしたり、嘘をついたりするようなことをいうのではありません。自分の気づかないところで過ちを犯している場合もあるのです。深く自分の行いを内省すれば、いろいろ思い浮かんできます。

例えば人間は生きていくために、多くの動植物の命をいただいています。他の生命の犠牲の上に生かされているのです。自分が直接に牛や魚を殺さなくても、食べることは人の手を借りて殺させているのです。したがって私たちは生きているだけで罪を犯しているのです。人間が動物の肉を食べる姿は、地獄絵で見ると、鬼が人間を食べている姿と同じで、人間は鬼のようです。

人間は鶏の卵をよく食べます。物価の上昇に較べあまり高値でないのです。なぜかと言えば、以前は鶏は庭を自由に動き回り鶏小屋に入って産卵していましたので、一日に一個産むのが精一杯でした。しかし近年はアパートのような小屋の狭い空間に一匹ずつ入れられ、前を向いたら後ろを向く自由はなく、電気の照明で一日を短縮し、鶏はまるで卵生産機のように、卵を産むことに専念させられているのです。卵を産む能力がなくなると焼き鳥として食せられるのです。鶏にしたらたまったものではありません。そういうことで卵を扱うことを職業としている関西の団体の方が毎年一回、卵供養をされるようになりました。せめて鶏に懺悔と感謝の意持ちを抱いていれば罪は軽減されるでしょう。

また人間は牛肉を好んで食べます。牛は長い間、農耕に従事し人間に貢献してきました。今日でも牛乳をよく飲みます。あるいはバターやチーズにも使用して食しています。本来牛乳は子牛に飲ませるものです。それを人間が横取りしているのです。お釈迦さまも牛乳のお粥を村の娘スジャーターから供養を受け、命拾いをされました。インドの人は牛を尊重し、牛肉は絶対食べませんが、日本やアメリカや各国の人は、牛を殺して牛肉を食べて舌鼓を打っているのです。生物は食物連鎖で生きていますので、止むを得ないのかもしれませんが、牛や鶏から恨まれることのないよう、合掌感謝していただかなければならないでしょう。

あるいは誰でも人間は、自己中心的に生きていますので、自分が発した言動や行動にも、無意識のうちに他人を傷つける場合もあります。したがって勤行のたびごとに、必ず読経の冒頭に懺悔文を称えます。

「我昔所造諸悪業　皆由無始貪瞋痴　従身語意之所生　一切我今皆懺悔」

（私が昔より造って来た諸々の悪しき行いは　すべて始まりもない大昔からの貪りと怒りと愚かさを原因として　身体と言葉と心によってなされたものです。それら全てを　いま私は懺悔します。）

これはとても大切なことです。けれども形式的に口先で言うだけで、心の底から懺悔している人は少ないと思います。薬師悔過や吉祥悔過や十一面観音悔過の行法でも、懺悔を述べる文は、ごく僅かしかありません。ほとんどが仏名を称えたり、仏の功徳を讃嘆したりするところが多いのです。大導師の作法の本にこうあります。

「一つや二つの仏名を称えても有漏の罪垢を清めけり、三千の尊号を称うれば無始の塵労あらじとにこそありけり。」

(一つや二つの仏名を称えただけでも、煩悩によって造られた罪や穢れが清められる。まして三千もの尊号を称えれば、始めも分からない大昔から造ってきた穢れがことごとくなくなる。)

称名念仏の功徳は甚大であり、浄土系の宗派のみならず、奈良の古寺では奈良時代から念仏をよく唱えていたのです。

また「仏名の徳は思議を離れたり、神力の功は世間に超えたり。滅罪生善の益、息災延命の望み疑いなし」(念仏称名のお徳は、考えの及ばない不思議なもので、神通力の功徳は一般常識を超えている。罪を滅し善を生ずるなどのご利益や、災いを止め延命の望みは、間違いない）とあり、いかに仏名を称えることのご利益が大きいかが分かります。

『薬師経』の中でも薬師仏の名前を称えることを強調されていたように、凡夫が仏に近づくためにも、念仏三昧することが必要なのです。

悔過の行法は、薬師悔過であれ、観音悔過であれ、仏名を称え、仏の功徳を讃嘆することにより、人の心は清浄になり、清浄な心で慈悲の祈りを念ずることにより、天下泰平・万民豊楽・風雨順次・五穀豊穣・仏法興隆・伽藍安穏・天長地久などの願いが実現すると信じられていたのです。

私は、平成二年の修二会薬師悔過法要に初めて大導師役を勤めました。以後は隔年ごとに松久保副住職と交替して出仕するようになりました。

最後に薬師寺の行事をあげておきます。

月例行事

五日　玄奘会

八日　薬師縁日

第三日曜日　弥勒会　まほろば塾

年中行事

大晦日から一月十四日まで　吉祥悔過法要

一月十五日　吉祥お香とお茶の会

三月二十三日　お身拭い

三月二十五日から三十一日まで　修二会薬師悔過法要

四月第三日曜日　最勝会（平成十五年より復興）

五月五日　玄奘三蔵会大祭

七月七日　弁財天会

七月二十六日　龍神会

八月十三日から十五日まで　盂蘭盆会
八月二十四日　地蔵盆
九月仲秋の夜　観月会
十月八日夜　天武忌
十月九日朝、明日香日檜隈　天武持統陵参拝
十一月十三日　慈恩会（興福寺と隔年交代）
十二月二十九日　お身拭い

II

お薬師さまとともに——白鳳伽藍復興の道

白鳳伽藍の復興

八十年を顧みて

人生僅か五十年と長年いわれていたのが、近年は八十年となり、百歳を超える人が七万人近くにもなり、百歳をいかに生きるかが問題になる超高齢社会となりました。

これは医学の進歩と、食糧事情が良くなったことと、第二次世界戦争以後に日本は戦争をせず、平和を保つことが出来たおかげなどが、長寿の要因と考えられます。今後も医学の進歩が加速的に進み、さらに平均寿命が延びるそうです。平均寿命が延びるということは、豊かな社会で、結構な世の中です。しかし、その反面いろいろな問題が生じてきました。老人が増えれば国が支払う医療費や年金が増えます。豊かな社会を継続するためには、抜本的な政策が必要でしょう。また世界人口の増加により食糧難にならないよう対策をしておく必要があります。また戦争は絶対しないことです。もし核戦争でも起きれば、一度に多くの人命が亡くなり、その後遺症は計り知れないほど長く続きます。

人生の八十年も百年も、大宇宙の運行からみれば一瞬のことです。しかし短い年数のうちに、平均寿命が二倍も伸びたというのは大きな変化です。私自身が八十歳を迎えるに当たり、よくぞ今日まで生きてこられたというのが率直な気持ちです。お釈迦さまは八十歳で涅槃に入られました。橋本凝胤師尚も、私の祖父も八十歳で遷化されました。私にとって八十歳まで生きてこられたということは、お薬師さまのご加護のおかげ、天地自然の恵みのおかげ、社会のおかげ、家族を含めご先祖様のおかげなど、感謝の気持ちで一杯です。

しばらく昭和二十五年の入山以来、お薬師さまとともに歩んだ道を、白鳳伽藍の復興を中心に記したいと思います。

金堂復興の誓願とお写経勧進

昭和四十二年四月、高田好胤師が薬師寺管主に晋山し、その奉告式は昭和四十二年十一月十八日に厳修されました。好天に恵まれ、千八百人の参列者があり、四時間に及ぶ長い式典になりました。

晋山式の挨拶で好胤管主は、「皆さんの前にあるこの金堂は、一五二八年に僧兵の乱による戦火で焼失した後に建てられた仮の堂です。今や雨漏りをして柱も腐ってきました。このままで放置は出来ません。外国の人から、どうしてこんな立派な仏像であるのにお堂が粗末なのかと言われ、恥ずかしい思いをしたこともあります。先代の凝胤師尚も戦争がなければ自分の力で復興を成し遂げていたかもしれません。この世界一の薬師三尊に相応しい金堂に、師尚の目の黒い間に、師尚への恩返しのためにも復興したい」と誓願されました。

私は師尚への恩返しという好胤管主の挨拶を聞き、目頭が熱くなり涙が滲んできました。そして好胤管主の片腕となって必ず実現しようと心に誓いました。

執事長に抜擢された私は、その浄財を集める方法を検討しなければなりません。一般的に神社仏閣の建設資金を集める方法は、大企業に寄進を依頼することでした。しかしどこの会社もあちこちの神社仏閣から寄進を頼まれるため、薬師寺だけに大金を寄進することは出来ないと断られるのは当然です。そのためまず自分たちの力で浄財を集め、不足分を企業から頂戴しようと思いました。

一紙半銭でもよい、一人でも多くの方々からの浄財を得ようと、さらに金銭のみの浄財ではなく、喜んでご喜捨いただける方法はないかと思案しました。そこで思いついたのが、お写経による勧進方法です。お写経は凝胤師尚が戦時中から婦人会の人々と続けておられたものです。私は「百万巻写経による薬師寺金堂復興勧進」という提案をしました。好胤管主は共鳴してくださり、大衆のお写経によって浄財を募る方法で達成しようと固く決意されました。

しかし凝胤師尚からは、「写経くらいで堂が建つと思うのか。まず大企業に依頼し足りない部分を写経で補うならば分かるが、おまえらのやることは本末転倒じゃ」とお叱りを受けました。財界人からも、「写経は労多くして益少なし」とか、「太平洋を裸で横断するようなものだ」とか、写経用紙を漉く製紙会社の社長さんもかげでは「百万枚もの写経をするなんて、坊さんは法螺吹きやな」と批判をされていました。

高田好胤管主が塩川正十郎氏の案内で、当時経済企画庁長官であった宮沢喜一氏と面会し、「お写経勧進で金堂復興の浄財を募りたい」と話したところ、慎重な宮沢長官は、首を傾げながら、「私に一万円の寄付を募れと言われれば、集める自信はありますが、写経を十巻にそれぞれ千円を添えて集めろと言われても、三巻くらいならば集められるが、とても十巻を集める自信はありません」と言われ、暗にお写経だけでは無理だと忠告を受けた気がしました。

しかし傍らで高田管主が宮沢長官に話をしているのを聞いていた塩川正十郎氏は、宮沢氏と別れた後に、少し宮沢長官の言葉に気落ちしている好胤管主に「私は百巻、世話をさせてもらいます」と力強く語っておられました。

このお二人の発言と実行力を目の当たりにした私は、これで全ての人にお願いは出来ないかもしれないが、話せば分かってくださる方が必ずある、と内心自信をもちました。

後日に総理大臣の佐藤栄作氏にも官邸で会い、お写経の話をすると、「それは良いことだ。私も時々写経をしている」と賛成され、後に寛子夫人を通じて佐藤家で百巻の写経を引き受けてくださいました。

気を良くされた好胤管主は、佐藤総理に「私は最近ソ連に行きますが、シベリアの上空を飛びますので、空から戦後に抑留されて犠牲となられた多くの日本人の供養をしたい。そのためにも、総理大臣としてぜひお写経一巻を書写していただき、それを旅行に持参したい」と申し入れると、総理は快く引き受けてくださり、後日に納経いただきました。

お写経勧進へのいろいろな批判を受けながらも、好胤管主は「最小の努力で最大の効果を得ようとする能率万能時代において、最小の効果のために最大の努力を惜しまない宗教精神の大事さ」を訴え、「近い道を選ばず、遠い道を行こう」と、一巻一巻の積み重ねで百万巻を成就するために、一歩一歩、地に足をつけながら歩み始めました。

著書や新聞やテレビや講演などで勧進したことも大きな反響を呼びました。例えば日本経済新聞の文化欄で、好胤管主が「昭和の心で白鳳再現」と題して掲載された記事には驚くほどの反響がありました。お写経勧進を始めて間もない頃であったので、その後の勧進にとって大きな励みとなりました。

昭和四十三年六月にお写経勧進を始め、昭和五十一年四月の落慶に至る前年の十一月に、見事百万巻のお写経勧進が成就しました。

さらに金堂の復興にとどまらず、西塔・中門・大講堂・食堂・回廊・僧坊・経蔵・鐘楼と七堂伽藍の完成に向かって進んでいきました。

企業勧進も得る

お写経だけで理想通り浄財が集まらない時のことを考えて、財界でも浄財を募るため、東京で財界の発起人会を持ちました。昭和四十五年二月二十五日、金堂復興の企業勧進の発起人会が発足しました。その後に三井銀行東京支店の一室を事務所として拝借し、事務員を置き、財界勧進も始めました。東京は経団連で各社の分担額を決めていただき、関西は関経連で、中部地区は商工会議所でまとめていただくように依頼しました。

好胤管主は純粋にお写経一筋に専念されましたが、私は財界巡りをしました。

日本の一流企業のほとんどの会社に参上しましたが、本格的に財界巡りを始めた昭和四十七年、四十八年頃の経済界は、ドルショックやオイルショックで混乱して、浄財を募るのに苦労しました。依頼した企業グループの中には、「ドルショックやオイルショックがなければ満額出せるが、今日の状況では依頼額の六割ならば、すぐにでも協力する」いわれ、私は即座に了解し寄付を受けました。

しかしある大手銀行が、「要請の五割ならば協力する」といわれましたが、それならば結構ですとお断りしました。なぜなら後に続く同業の会社もトップに合わせ五割減になってしまうからです。せっかく後に続く会社が全額寄付をすると了解を得ているのに、それでは全部が五割減になってしまいますので困ります、と固辞をしているうちに時間が経過していき、免税の期限も切れるので、頭取に直訴して満額出していただき、他の会社も同調して協力を得ました。五割でも金額が大きいので喜んで受けるべきであったかもしれませんが、忍耐強く辛抱した結果、満額の協力を得られました。

お写経だけで伽藍が復興できたのではなく、企業勧進のお力添えも忘れてはならないと思っています。しかし企業に大金の勧進に行けるのも、お写経勧進で一般大衆から多額の浄財を受けている寺の自助努力の実績があるからです。免税寄付だけで四億円に達し、金堂落慶後の伽藍復興事業の基金になりました。しかしお写経勧進だけで百万巻を超え、目的の金額に達したことは、ひとえに好胤管主の獅子奮迅の努力によるものです。

金堂復興起工式――「発菩提心、荘厳国土」

金堂復興の起工式は昭和四十六年四月三日でしたが、一年ほど前から起工式の企画を立て前例のない斬新な起工式をしようと、管主の親しい青年会議所のOBの人々と共に会議を持ちました。起工式の日はお写経結縁者を中心とした、一万四千人もの多くの参列者があり、映画監督の内川清一郎氏の指揮のもとに、盛大で華やかに催しました。薬師寺境内に、一度に一万四千人もの人が集まったことは過去にはなく、おそらく初めてのことだと思います。金堂復興を周知するために大きなアドバルーンを上げたかったのです。

その頃、大阪万国博覧会があり、その万博のテーマが「人類の進歩と調和」でした。そこで薬師寺の金堂復興も何かテーマが必要であると提案され、皆で検討して頭を悩ましていました。その時、高田管主が会議の席に来られ、テーマを問われると即座に、「それは『発菩提心、荘厳国土』や」という一声で、あっさり決まりました。その返答の早さに驚き、高田管主が金堂復興に対して、すでにテーマを抱いておられたことに敬服しました。

お写経道場の落慶

お写経の結縁者が増え、従来の養徳院では手ぜまになり、新しくお写経をしてくださる方のために、道場が必要になってきました。そこで旧境内地を買い戻し、新築をすることになりました。

高田管主からは五千万円ほどで計画をするように託されました。しかし将来のことを考えると少しでも大きい方が良いと判断し、三倍の経費をかけました。出来上がった建物を見て、こんな大きなものを建ててと、きつくお叱りを受けました。

しかし毎月、多くの方が管主の法話とお写経に来られ、溢れそうな時もありました。管主は笑いながら、「もっと大きくしておけば良かったな」と、以前大き過ぎると叱ったことを思い出し、苦笑しながら話されました。昭和四十七年一月八日に落慶式を迎えましたから、もう建設して四十五年にもなりますが、有効に活用してきました。

玄奘三蔵のご分骨

日本に玄奘三蔵のご霊骨のあることを知り、法相宗の鼻祖であるゆえに、ぜひとも薬師寺にご分骨いただきたいと思い、全日本仏教連合会宛に手紙を出しました。昭和四十八年九月二十二日のことでした。

玄奘三蔵のご霊骨の所有権は、全日本仏教連合会に所属し、さいたま市岩槻の慈恩寺に納められ、住職の大島見道師が奔走して十三重の石塔を建立されました。大島住職は、「もっと玄奘三蔵を顕彰したかったけれども、力不足で申し訳がない。奈良の薬師寺さんなら、今は有名な高田好胤師がおられ、もっと世の中の人に周知してくださるでしょう。ぜひ薬師寺に分骨し、顕彰してほしい」と懇願されました。

大島住職の願いもあって、一緒に全日本仏教連合会を訪問し、分骨の許可を得ました。薬師寺に奉迎されたのは、西塔落慶の最終日、昭和五十六年四月五日でした。初めて慈恩寺にご分骨について訪問したのは、昭和四十六年十月二日でしたので、約十年の歳月を要したことになります。

悲願の金堂落慶・慶讃法要

金堂が完成し、昭和五十一年四月一日より五日まで落慶法要、六日より五月九日まで慶讃法要が行われました。起工式でさえ一万四千人の参列者があったので、落慶法要は十万人以上の参拝者になるであろうと判断し、落慶法要と、少し簡略化した慶讃法要とに分けて厳修しました。

『薬師経』にちなみ期間を四十九日間にしたかったけれども、長すぎるということで四十二日間にしました。法要は庭儀でするため天候が心配でしたが、幸い期間中はほとんど傘を用いずに厳修出来ました。しかし五月三日のみ、法要の途中から急にどしゃぶりの雨になりました。稚児僧に堂内に入るように勧めましたが、入らずに衣を着たまま雨に打たれていました。その姿に感動された参拝者の中には、傘をすぼめられた方もありました。全期間で、参拝者の延べ人数は約三十万人あり、盛大に厳粛に厳修出来たことを、ありがたく思っています。

金堂の落慶法要に車椅子で出仕した凝胤師尚は、金堂内で感激のあまり嗚咽されておられました。弟子の教育は失敗したと師尚を落胆させた弟子たちですが、その弟子たちによって見事に五十年間の夢が実現されたのです。弟子一同は、師尚への恩返しができた喜びを共に味わいました。

難航した西塔復興

金堂復興の次は、西塔の復興に着手したいと思っていました。私は常に高田管主の健康状態を確認しながら、五年先の準備をしていました。

しかし高田管主は、「金堂の復興は、お薬師さんのために相応しいお堂にしなければならないという使命感に燃えたが、西塔は別になくてもよい。どこの寺も塔は一つあるだけだ。薬師寺は幸い東塔が残っているので、西塔を建てなければならないという情熱が湧いてこない」と消極的でした。

松久保副住職も「金堂だけで一人の住職の限界である、西塔まで建てるとなると、まるで大東亜戦争突入するようなもので薬師寺は倒産する。中心柱だけ購入して、後の者に任せるのがよい」と消極的でした。

私は幼い頃から凝胤師尚に、「金堂が出来たら次は西塔や」と聞かされていましたので、元通りの姿に戻すことが使命であると積極的でした。しかし、肝心の好胤管主が消極的では仕事が出来ません。

大工の棟梁である西岡常一氏も、管主宛に西塔復興の建白書を出されるほど積極的でしたが、管主の意志が消極的では前に進めることは出来ません。それでも私は西岡棟梁に密かに相談し、基本設計はできていましたので、西塔に必要な材木の数量や費用を調べ、いつでも着工できる準備をしました。棟梁は「安田はん。願を持ってなはれ。願成就といって、願は必ず成就しまっせ」と励まされました。

西塔復興に消極的であった高田管主が、あることから急に積極的になられました。その頃、玄奘三蔵の頂骨を薬師寺に将来する話がまとまり、どこに安置するかを検討していました。そのとき管主は、「西塔の中に安置しよう。東の塔はお釈迦さまを祀り、西の塔は中国の釈迦とも仰がれる玄奘三蔵を祀ることにする。そうすれば西塔復興に情熱が湧いてくる。その西塔の壁面には、平山郁夫先生に仏教東漸の絵を描いていただこう」と、意欲を発揮されました。

それも一つの考えと思い、平山先生にお願いしたところ了解を得ました。そして私は早速、西塔の用材を購入しました。しかし凝胤師尚は薬師寺の縁起に合わないとして、その案を信徒総代会の席で反対されました。

しかし西塔用材はすでに購入済みですから建てないわけにはいきません。また玄奘三蔵を顕彰する建物も別の場所に建てなければなりません。二転三転しましたが、玄奘三蔵院は現在地に建立されました。

寺内は一致して西塔復興に向かいましたが、建築許可を得るには壁がありました。奈良は滅びゆく景観を好む人があり、新しい建物はいらないという風潮がありました。三浦朱門文化庁長官を訪ね、西塔復興の気持ちを披歴すると、「私は奈良で新しい建物は天理教さんだけでよいと思う」と、西塔復興には反対でした。

奈良県古都風致保存審議会から、薬師寺と建築委員会に対して、次のような質問状が届きました。

薬師寺に対しての質問

（一）　西塔復原の基本的な考え方について

（ア）　動機について

（イ） 金堂復原前から計画があったのか
（二） 東塔改修の意図
（三） 西塔復原後の境内全体の景観について
（四） 金堂、西塔の復原に対しての世論の受け止め方について
西塔再建委員会に対しての質問
（一） 復原設計の学術上のよりどころとその問題点について
（二） この設計と古寺の景観について
（三） 色彩、デザインなどの違和感について
（ア） どのように処理するのか
（イ） 白木仕上げについての検討
（四） 工法、資材、工期について
（五） 学術上の正確さと一般の人々の受けとる感受の違いについて
（六） 現在の金堂復原につき、再建設計委員会以外の建築学者の見解につ

いて

（七）学者により遺跡の地質強度を補う方法と、その研究について、結果が出るまで復原は延期すべきとの考えはないか

（八）日本一の名塔である東塔が現存している今日、これと一対になる塔を仮想創建当初に復原することについて

これに対する回答書を持って、西塔復興建築委員の先生と共に、風致保存審議委員会に出席しました。審議委員会のメンバーは奈良の景観を保存するために関心をもっている論客ばかりでした。

次々と質問されることに即座に返答をしました。委員の先生の中で委員長格の寺尾勇先生に、この先生なら話せば分かってくださるだろうと思い、先生のご自宅まで訪問し、私の薬師寺の将来ヴィジョンを話しました。寺尾先生は滅びの美を主張する有名な先生ですが、静かに話を聞き終えて、「人は私を豹変したというかもしれないが、もろ手を挙げて、あなたのヴィジョンに賛成しま

す。あなたにもっと早く会っておけば良かった」と予期しない返事を得、逆に私が感動しました。先生とは親子ほどの年齢差はありましたが、その後も親交を深めるようになりました。

そんなことで、西塔復興に着手するまでさまざまな問題がありましたが、すべてをクリアして起工式まで進めることが出来ました。昭和五十二年十月八日、起工式の当日は、あいにくの強い雨の中で参拝者には気の毒でしたが、厳修しました。凝胤師尚は病院のベッドの上で、テレビを通して起工式の様子を眺められたようです。落慶式までの存命はかないませんでしたが、起工式だけでも見ていただくことが出来て良かったと思っています。

真身舎利の奉納

ある夜、平山郁夫先生より、「お釈迦さまの本当のものと思われる舎利が手に入りました。ちょうど薬師寺さんで西塔を建てておられるので、納めさせていただきたい」と、少し興奮気味な声で電話がありました。

早速、松久保副住職とともに拝見に出向き、奉納していただくことになりました。

出土はパキスタンのスワートのようです。八分舎利からさらにアショーカ王が分けたものと思われるもので、幾重にも容器に包まれ、金・銀・瑪瑙・瑠璃・珊瑚・琥珀・真珠などの七宝も鎮檀具として納められていました。真身舎利に間違いないと思いました。その舎利を、木製の容器を澤田政広先生に作っていただき、首に掛けて仏跡の巡礼をしました。

そして昭和五十三年の五月二十一日の深夜に、薬師寺一山の僧侶と平山家の家族の方と、厳かに西塔の心礎に奉安の儀を行いました。

西塔落慶法要

昭和五十六年四月一日から五日まで、西塔の落慶法要を厳修しました。四月三日のみが好天で、他の日は雨模様でしたが、多くの参拝者がありました。ある一日は早朝に雪が積もりました。まるで西塔は綿帽子を被った花嫁の姿のように、私には見えました。

東塔は、千三百年の風雪に耐え、僧兵による人災などにも合わず、今日まで建ちつづけてきた貫禄があり、一方、西塔は、華麗な美しさと初々しい青春の輝きに映え、東塔とは好対照です。そこには違和感はなく、豪華な金堂を中心にして、春日山を背景に大池（勝俣池）より眺める東西両塔の景色は、天平の薫りを髣髴とさせる、日本を代表する景観にもなると思います。

西塔復興に反対された方もありますが、連綿と続いていくのが生きた寺の歴史です。現在まで残ってきた大和の古寺は、決して廃墟にしてはいけないと思うのです。千年の歴史のある寺は、未来千年を見据えていく必要があります。

西塔復興には関心が高まり、落慶された年の拝観者が、近年の五十年のうちで最も多く、百五十万人を越しました。今日までその記録を凌ぐことはありません。西塔復興には種々の思い出がありますが、復興して良かったと思っています。滅びゆく大和の古寺を愛していた寺尾先生や、哲学者の梅原猛先生からは、「ここまでやったなら徹底的にやりなさい」と、励ましを受けるようになりました。

落慶法要の儀式の中で西岡棟梁が挨拶をされました。「私が塔を建てる仕事をしていましたら、雀が飛んできてチュウモン（中門）、チュウモンと鳴きますのや。そしてまた烏が飛んできてカイロウ（回廊）、カイロウと鳴きますのや。ぜひ皆さんのお力で、中門と回廊を復興させてください」と、ジョークをとばしながら次の仕事の宣伝を巧みにされたのには感心しました。

中門落慶と昭和天皇の薬師寺行幸

中門は、昭和五十七年十月八日に起工式を行い、二年後の同日、昭和五十九年十月八日に落慶式を厳修しました。中門には本来、東西に二王像があったので、その復原を奈良在住の仏師、辻本干也氏に依頼しました。

ところで、その年の秋には、天皇陛下を薬師寺にお迎えすることになっていました。中門の完成に向けて緊張の連続でしたが、おかげさまで間に合いました。中門落慶の三日後に、天皇陛下が行幸されるのであれば、天皇陛下に通り初めをしていただき、それまでは誰も門を通らないことにしようと決め、落慶法要では門の周辺を行道するだけにしました。

昭和五十九年十月十一日、行幸の当日、私は陛下の先導役を仰せつかりました。高田管主は「天皇陛下に通り初めをしていただくのであり、中門を通る時は君が先に通らず、陛下に先に通ってもらうように」と注意されました。そのことを副知事に伝えると一時は了解されましたが、後刻「あくまでも安田さんは露払いの役であるから、先に通ってもらわなければ困ります。陛下は薬師寺の中門の通り初めに行かれるのではありませんか。安田さんが止まれば、陛下も止まってしまわれる。その点を高田管主にもお伝えください」という返事でした。そのことを管主に伝えると、「そんなことを言うからいかんのや、黙ってしたらええのや」と不満気でした。そこで私は管主の気持ちを尊重し、副知事の意見も考慮して、同時に渡ることにしました。

さらに副知事からは、「管主には、かたい話でなくジョークを交えて陛下を笑わせてください。かつて犬養孝先生が甘樫の丘で陛下を案内されたとき、陛下が大笑いされたことがあり、印象深く記憶に残っていますので、よろしく」とも言われました。管主は得意のジョークを二回ほど飛ばされましたが、陛下は二回とも「あ、そう」と硬い表情で答えられただけで、お笑いはされませんでした。その話を、平成二十年に東京国立博物館で薬師寺展を開催したとき、今上陛下と皇后陛下が拝見に来られ、休憩された時にご披露しましたら、笑っておられました。

昭和天皇は金堂に入られ、天武天皇、持統天皇、大津皇子の三神像の前で深々と頭を下げて礼拝されました。そのとき三神像を奉納された小倉遊亀画伯も車椅子で参拝し、お迎えされていました。陛下に小倉画伯を紹介すると、「変わりはないか」と優しくご下問されました。小倉画伯は、「陛下が私の拙い絵に向かって礼拝していただいた」と非常に恐縮されていました。

昭和天皇が参拝を終えられた時に、ご案内役の高田管主に「有意義な話をしてくれてありがとう」とお礼を述べられました。陛下が車席に座られるや否や、高田管主が大きな声で、「天皇陛下万歳」と三唱されました。それに続いて多くの見送りの人々も共に三唱しました。

その翌年の昭和六十年の勅題が「旅」でした。陛下の御製は、

遠つおやの　しろしめしたる　大和路の　歴史をしのび　けふも旅ゆく

薬師寺に行幸された時の印象も、この御製の中には籠められているのではないかと思いました。また昭和天皇は晩年の御製に、

夏たけて　堀のはちすの　花見つつ　仏の教え　憶う朝かな

という仏教にちなんだお歌があり、仏教の造詣も深くあられたように思います。

新たに玄奘三蔵院を建立

西塔起工式の翌日、昭和五十二年十月九日に、玄奘三蔵院の第一回の建設会議を持ち、西塔復興と並行して企画を始めました。場所が決定するまでに紆余曲折し、設計図面も五十枚ほどになりました。復興の場合は素人の意見を差し挟む余地はなく、古建築専門の学者の先生にお任せになります。しかし新しい

建築となると、いろいろな希望が出て、決定するまでにかなりの時間とエネルギーが必要でした。

場所が決まっても、風致保全の特別地区であるため、その許可を得るにも苦労しました。元々あったものを復興する場合は、比較的許可は下りやすいのですが、新たな建築は簡単には許されません。一般民家にも同様の規制がかけられているため、寺だけが特別に許可を受けることはできないのです。

ですから、玄奘三蔵院建立によほどの意義と必要性がなければなりません。そのため私は宗教的な面からその必要性を強調し、レポートを提出し許可を得ました。起工式を厳修したのは、昭和五十九年十一月十八日でした。建物の基本構想の会議を始めて起工するまでに七年の歳月を要しました。そのため平山先生も具体的に絵に着手できず、壁画の完成が遅れました。

玄奘三蔵院の落慶

さらに起工式から六年半の歳月をかけて、平成三年五月五日に、玄奘三蔵院の落慶法要を厳修しました。ただ、建物は出来ましたが、まだ壁画は完成していなかったので、建家だけの落慶法要でした。中国の興教寺の常明法師ほか四名の中国僧を招き厳修しました。

その翌年の平成四年には中国仏教協会会長の趙樸初先生のご来寺を仰ぎ、先生に書いていただいた「玄奘三蔵院」の扁額の除幕をしていただきました。そのとき印象に残る言葉を言われました。一つは「我が国の僧侶を異国でこのように手厚く祀ってくださり感謝します」ということと、もう一つは「我々は玄奘三蔵の像といえば、経典を背負って歩いているお姿を連想するが、翻訳している姿の方が相応しい。これからはイメージを変えなければならない」ということでした。その後、中国にできた玄奘三蔵の像は、翻訳している姿になっていました。薬師寺の像の影響だろうと思います。

玄奘三蔵のご命日は二月五日ですので、毎月五日に法要をし、五月五日を大祭日として、伎楽による法会を厳修しています。

大唐西域壁画の完成と奉納

平成十二年十二月三十一日、平山郁夫画伯による大唐西域壁画が、やっと完成し奉納されました。インドのナーランダ大学、デカン高原、バーミアン、中央に須弥山を象徴するヒマラヤ連山、トルファンの高昌故城、タクラマカン砂漠、そして西安へと、インドから中国までの仏教伝来の道を描かれました。七場面で四十九メートルに及ぶ大壁画です。玄奘三蔵院伽藍の大唐西域壁画殿に納められました。

ただ、まことに残念なことに、平山画伯の壁画を絵身舎利として拝むことを楽しみにしておられた高田好胤管主は、壁画の完成を見ることなく遷化されました。平山画伯は壁画の完成が遅くなって高田管主に見ていただけなかったことを申し訳なく思われ、ナーランダ大学篇の壁画の中に、高田管主が衣姿で合掌している像を描かれました。

二十世紀中に仕上げるということで、あえて大晦日に入魂の儀式を行いました。ＮＨＫの「逝く年来る年」の番組に放映されました。

大講堂の起工と落慶

薬師寺伽藍の最大の建造物である大講堂は、平成八年三月三十日から四月五日まで起工式を厳修しましたが、その復興は一大難事業でした。なぜならば、高田管主が起工式の導師は勤めたものの、その秋には体調すぐれず入院されてしまったからです。管主の体調を確認しながら仕事を続けてきましたが、管主の入院生活は、将来に不安を感じさせました。

管主は旧講堂で法要があった時に、多くの参拝者の前で、「この講堂が新しいお堂になる頃には、私はこの世にいないかもしれない。暎胤、後を頼むぞ」と大きな声で話されました。何か予感があったのかもしれませんが、その言葉通り二年後に遷化されました。新たに松久保秀胤師が住職に、私が副住職に、山田法胤師が執事長に就任しました。薬師寺一山が一丸となって復興事業を継続しました。平成十五年三月二十一日から二十三日まで、盛大な落慶法要を厳修しました。

食堂の復興と東塔の解体修理

その後、山田法胤管主が中心となって食堂の復興と東塔の解体修理を始めました。食堂内には本来、木彫の阿弥陀三尊が祀られていましたが、内部を多目的に活用するために、丈六の阿弥陀三尊の絵像を、日本画家の田淵俊夫画伯に依頼しました。あわせて四十九メートルに及ぶ壁画も奉納たまわりました。

壁画は仏教伝来の絵画で、中国より始めて、藤原京の薬師寺、平城京の薬師寺へと伝わる画面を描かれました。その結果、玄奘三蔵院伽藍の壁画殿には、インドから中国までの絵画が描かれ、食堂には中国から日本までの絵画が描かれて、三国伝来の壁画が完成したことになります。

食堂の落慶法要は平成二十九年五月二十六日から二十八日まで、暑い中でしたが、庭儀の形で厳修されました。

また東塔の解体修理は十年間を要し、二〇二〇年の春には完成しますが、解体修理をしたおかげで、新しい発見がありました。

まだまだ伽藍整備は残っていますが、後継の人々によってなされていくことでしょう。

薬師寺出開帳

出開帳による薬師寺展の開催――東塔水煙展を始めとして

出開帳とは本尊のお供をして遠隔地まで出向き、地域の方々に仏縁を広め、あるいは深めるための行事です。そのタイミングには何か記念になる年であるとか、何か目的がある場合が多いように思います。

昭和二十六年に、薬師寺の東塔の屋根の葺き替え工事がありました。その時、塔の上にある水煙を降ろしました。水煙には美しい飛天の模様が鋳造されています。その美しい水煙の彫刻を、真近くで見られるのは一部の関係者だけです。

それを少しでも多くの方々に見てもらいたいと、当時の好胤副住職が思われました。

そこで三越の大阪支店長が中元の挨拶に来られた時に、水煙に案内し「この素晴らしい水煙を多くの方々にみてもらいたいと思うのですが、出来れば多く人の集まる三越さんで展示をしていただけませんか」と頼みました。

すると店長は、「こんな立派なものをお貸しいただけるのですか、喜んで展示をさせていただきます」と、トントン拍子に話がまとまりました。ただ「寺の条件として、無料でやっていただきたいことと、会場で水煙の説明や短い法話をさせていただきたい」という要望を出しました。「ぜひ、それもお願いします」と承諾されました。

話がまとまり、広報のこともあるので新聞社とも共催したいと思い、A新聞社に依頼しました。すると「社内で検討して後日に返答する」という応対ぶりでした。その返事を聞きに行く時、小学校時代からの親友である毎日新聞社の青山茂という記者に、たまたま駅で出会い、展覧会の件でA新聞社に行く話をすると、「それは、わが社でやってほしいと思うので、A新聞社に行くのを一日だけ待ってもらいたい」と言われ、その日はA新聞社に行くことを断念しました。

すると、その日のうちに正式に毎日新聞社でさせてほしいと返答が来ました。そのため好胤副住職はA新聞社に断わりに行くことになりました。A新聞社に「御社は検討をするということでしたが、毎日新聞社からぜひさせてほしいと頼まれたので、毎日新聞社とさせていただきます。悪しからず」と言うと、A新聞社は「社内で相談をすると言っただけで断わったわけではないのに」と不満そうな言葉を述べられたようです。

展覧会は三越の大阪店だけではなく三越の全店で、東塔水煙展を他の寺宝も含めて催され、多くの人が鑑賞に足を運ばれました。この盛況を見て、後に各新聞社が他の寺とタイアップして寺宝展がなされるようになりました。しかし他の展覧会はすべて有料でした。その点、薬師寺の水煙展は無料であり、有料というのは、好胤副住職のひたすら一人でも多くの方に見てもらいたいという純粋な気持ちとは、少し距離がありました。この東塔水煙展は、戦後のデパートにおける寺宝展の始まりでした。

次に昭和四十六年に、国宝の月光菩薩の出開帳を、日本橋三越本店で開催しました。共催する新聞社は、「はじめに」で経緯を述べたように、宗教的な出開帳で開催することを承諾された毎日新聞社になりました。

これは薬師寺が金堂を百万巻の写経勧進で復興することを知っていただくための出開帳でした。しかし月光菩薩は国宝第一類で移動禁止です。それでもご本尊薬師如来の名代として、月光菩薩にお出ましいただきたいと思い、文化庁に何度も足を運びました。しかし今日出海長官は要望を受け付けず、許可は容易に下りませんでした。そこで執事長や三越の担当部長程度の者がいくら頼んでもだめだと思い、管主と文化庁長官と直接話してもらう以外にないと判断し、その場を作りました。

　好胤管主の本心は、仏さままでお出ましいただかなくてもという気持ちでしたが、私や松久保副住職が月光菩薩展に積極的でしたので、若い者の気持ちを尊重して長官と二人で会ってくださいました。そこで二人の間でどういう会話がなされたかは分かりません。おそらく好胤管主は、興行的な見世物としてするのではなく、素晴らしい日本文化をより多くの方々に知ってもらいたいこと、また宗教的な見地から、水煙展の時と同じような純粋な気持ちを静かに話されたのではないかと思います。長官は「そういう気持ちでされるのですか」と言われたという返事を管主から聞きましたが、会話の内容については語られませんでした。

　こうして、長官の心を動かしたのか許可が下りましたが、それには条件が付け加えられました。それは月光菩薩を一時的に国宝第二類とし、展示会場は東京の一回限りとして、薬師寺に戻ったら国宝第一類に戻すというものでした。国宝の第一類と第二類の基準は、移動しては危険であるというのが第一類で、移動しても危険でないものが第二類です。そのものの貴重価値の基準ではありません。例えば東大寺の大仏さんは移動すれば危険であるから第一類です。

ところがその後、熊本のデパートで火災があり、そこでは一週間ほど前に、ある寺の宝物展が催されており、一週間ずれていれば貴重な宝物が焼失する危険がありました。そのために文化庁は、そのことを重く見て、重要文化財に指定された宝物のデパート展は禁止されることになりました。

けれども、未指定の宝物は許可されますので、月光菩薩展以後も二回、デパートでの大きな薬師寺展を開催しました。

一つは天武天皇玉忌千三百年を記念し、三越デパートでの出開帳を、昭和六十一年十月から昭和六十二年八月にかけて催しました。

これも単なる展覧会ではなく、天武天皇のご遺徳を顕彰するための出開帳です。会場では修二会の薬師悔過法要や、奉納行事やお写経の勧進や法話をしました。催した会場と日程は次の通りです。

三越日本橋本店　昭和六十一年十月一四日から十月二十六日まで
鹿児島三越　昭和六十二年二月四日から二月九日まで
名古屋三越　昭和六十二年二月二十日から三月四日まで
三越高松店　昭和六十二年三月十七日から三月二十二日まで
三越松山店　昭和六十二年三月二四日から三月三十日まで
三越広島店　昭和六十二年四月七日から四月十二日まで
小倉井筒屋　昭和六十二年四月十六日から四月二十日まで
三越仙台店　昭和六十二年四月二八日から五月十日まで
三越横浜店　昭和六十二年五月十九日から五月二十四日まで
三越大阪店　昭和六十二年五月二六日から五月三十一日まで

新潟　三越　昭和六十二年六月十二日から六月十七日まで
沖縄　三越　昭和六十二年六月二十三日から六月二十八日まで
三越札幌店　昭和六十二年七月二一日から七月二十六日まで
松菱百貨店　昭和六十二年七月三十日から八月四日まで

（以上、十四ヶ所）

もう一回は、平成十四年に、持統天皇の千三百年玉忌の年に、大講堂の復興記念とあわせて開催しました。開催地と日程は次の通りです。

東京日本橋三越本店　平成十四年七月二十三日から八月六日まで
三越新潟店　平成十四年十月二日から七日まで
福岡三越店　平成十四年十月十六日から十月二四日まで
近鉄百貨店阿倍野店　平成十四年十一月十日から十一月十七日まで
名古屋三越本店　平成十四年十二月二十七日から一月六日まで

三越仙台店　　平成十五年一月二十一日から一月二十六日まで
うすい百貨店郡山　　平成十五年一月二九日から二月四日まで
（以上、七ヶ所）

薬師寺管主に晋山

薬師寺まほろば塾

大講堂の落慶後、平成十五年八月十六日、薬師寺住職に晋山してからは、伽藍復興の仕事は抑え目にして、人作りとなる精神的な仕事に重点を置こうと思いました。そこで立ち上げたのが、「薬師寺まほろば塾」の設立です。これは、高田管主がパナソニックの創業者、松下幸之助氏の要請を受けて出来た「日本まほろばの会」を継承するものでもあります。物と心のバランスを取りながら人格形成をする塾です。

薬師寺は創建当初、人づくりの道場であり、大学のような学問所であり、人の心を癒す病院でもありました。創建の精神に基づくならば、薬師寺をこれらの道の道場として活用していかなければなりません。しかし今日では、学問分野は国公立をはじめ私立の学校や大学が十分に普及しています。宗教教団も学校経営をし、人格形成の学び舎としての役割を果たしています。また病院も多くあって人命救助に全力を尽くし、それぞれが社会に大きな貢献をされていきます。そうした時代の中で、檀家組織のない寺にできることはいったい何なのか熟慮しました。

ある方から、奈良県には薬科大学がない、奈良薬科大学では魅力がない。薬師寺薬科大学を経営されてはどうか、その費用は負担してもよいという提案をされたことがあります。かなり心を動かされましたが、「宗教家が事業家になってはいけない」と、好胤管主の言葉が思い出され断念しました。

平成十五年に読売新聞社が創刊百三十周年を記念し、奈良や京都の寺院と文化的な事業をしたいと模索されていました。またA新聞社からは、薬師寺〈心〉塾を共催したいという提案がありました。しかし読売新聞社の奈良支局長に私の思いを述べると、直ぐに大阪本社に連絡を取り、重役会議にかけて決定し、「ぜひ、わが社にさせてほしい」という返事がきました。A新聞社はまだ企画部内の提案であり、薬師寺の返答を待って検討する段階で、上層部まで通じていませんでした。その点、読売新聞社は速攻性がありました。行動力があり熱心な新聞社ならばどの社でも良いと思い、読売新聞社と共催することを決定しました。

薬師寺まほろば塾は、平成十六年六月に発足し、もう十三年を経過しました。平成二十九年三月までの開催状況は、三十二の都道府県にて三五九回開催、参加人員は十一万三千二百八十三人に達しました。本塾、月例・奈良塾、定例・東京塾、ミニ塾に分け、本塾の内容は読売新聞に大きく掲載され、活動が周知されるようになりました。これには協賛してくださる企業と、まほろば塾の担当者が尽力していること、精神的な話を聴聞することを希望する人が多いということなどの条件が揃ったからだと感謝しています。

国宝薬師寺展

平成二十年三月二十五日から六月八日まで、東京国立博物館で国宝薬師寺展が開催されました。

その二年前、ＮＨＫと東京国立博物館から、国宝薬師寺展を開催したいと申し入れがありました。展示希望リストを見ますと、日光菩薩、月光菩薩、聖観世音菩薩、吉祥天女画像、八幡三神像、仏足跡などの国宝ばかりです。あとは本尊の薬師如来を残すだけです。日光菩薩や月光菩薩は、文化庁が決めた「移動禁止」です。あまりにも大きな展覧会であり、承諾するには躊躇しました。

寺内の会議にかけても、一同が首を傾けました。なぜ今、この展覧会をしなければならないのか、その目的や大義が見当たりません。日光・月光の両菩薩を移動して、もし事故でもあったならば一大事である。日光・月光の両菩薩が不在で、寺に来た一般の拝観者に納得していただけるかなどと否定的でした。要請を受けて年月が経過していき、NHKや博物館側も諾否を待つタイムリミットが迫ってきました。しかし一山の同意がなければ進めることは出来ません。

私は内心、これだけの展覧会は二度とできないこと。まだまだ薬師寺はローカルな寺であり、薬師寺を知らない人が多いこと。更なる寺の飛躍のために受けるのも良いのではないか、そのように思いました。そして、さらに私の心を動かした一つに、NHKや主催者から次のような要請を受けたことです。

「現代は戦争と環境破壊、不安と不信の時代である。こうした状況の中で、薬師寺金堂内の日光・月光菩薩像をはじめとする名宝の数々が東京国立博物館に集まることは、美と歴史の使者としての意味があり、平和と安定が強く求められる今日的価値ははかり知れない。それは国民的、時代的要請といってもよいであろう」。

こうした要請を受けて、一山の僧侶も最後は主催者の熱のこもった懇願を受け入れて、開催を決定することになりました。そして共催する条件に、主催者に読売新聞社を加えてほしいこと、また毎日、開館の前に読経などのお勤めをすること、会場で法話をさせてほしいということを付け加えました。これは単なる美術鑑賞であってはならないという寺の意志でありました。

開催することを決定してからは、成功しなければならないと、一山が力を結集して対処しました。「国宝　薬師寺展　～初めての二人旅～」と題して開催しました。期間中の五月二十九日には、天皇陛下、皇后陛下の行幸啓をたまわり、無事拝観していただきました。入館者は長蛇の列になり、申し訳ないことに二時間待ちなどがあり、全日程六十七日間の合計は、七十九万四千九百九人となりました。五十万人の入館者があれば成功と言われていただけに、それを三十万人も超えたということは大成功と言えるでしょう。

入館者数で、それまでの日本の宝物展の記録を更新し、盛況のうちに終えることが出来ました。人々の環境破壊、不安と不信の解消にどれだけ効果があったかは分かりませんが、多くの人々を魅了したことは確かです。日光・月光両菩薩のご不在の間、金堂内陣の塗装が傷み剥落している個所があったところを、大幅に塗り替える工事ができました。

以上、デパートで四回、博物館で一回の大々的な出開帳を経験しましたが、デパートでの開催は、大きく言えば、欲界に住む衆生を済度するために、仏さまにご降臨いただいたような感じです。それに対し博物館では、どうしても美術鑑賞的になり、宗教的な温もりがなく、何となく仏さまとの間に距離があって冷たく感じました。理想を言えば、博物館や美術館でも、積極的に宗教的な行事をさせていただければ良いと思います。

橋本凝胤長老と高田好胤管主の遷化

橋本凝胤長老は昭和五十年二月四日に岐阜の旅先で体調を崩され、入退院を繰り返しておられましたが、昭和五十三年三月二十五日、大阪の新千里病院で遷化されました。

私は病院に前晩から看護していました。しかし当日は、長年にわたり修二会の行事に能楽の奉納をいただいていた観世喜之丈の百ヶ日の会があり、その席上で挨拶をすることを頼まれていました。そのため病院には十一時半までいましたが、医師にしばらく外出し不在になっても良いかの確認をして病室を離れました。その後、容態が急変し午後三時半に遷化されました。

医師が当日の朝、師尚の体に取り付けてあるいろいろな器具を取り外し、無言で病室を去って行かれました。急に妙なことをするものだと思い、大丈夫ですかと確認しましたが、医師は無言で頭を縦に振るだけでした。その時に「今日は危険であるから外出を控えるように」とでも話してくださっておればと、今でも医師に不満を感じています。

病院で通夜をし、窓から外を眺めると、雲一つなき天空に満月が皓々と夜空を照らしていました。その日は旧暦の二月十五日で、ちょうどお釈迦さまが涅槃に入られたのと同じ日でした。

そして三月二十八日の葬儀の日は、凝胤長老の満八十歳の誕生日に当たり、桜の花が満開に咲き、散り始めていました。長老は生前から「どうせ死ぬなら桜の花が散るころに死にたい」と、西行法師の「願わくは　花の下にて　春死なん　この如月の　望月の頃」という歌をよく愛唱されていました。長老の願い通りの日になったことを、寂しさの中にも、偉い人は死ぬ日まで思い通りの特別の日になるものだと感服しました。

死別することは淋しいことですが、いつまでも悲しんでばかりいられません。

弟子入りして二十八年間、幼くして戦場で父を失った私を不憫と思い、特別に父の慈悲をたまわったことを感謝し、ご冥福をお祈りいたします。

高田好胤管主は、平成八年十一月十八日、第三日曜日の縁日に講演中、容態が急変し、同じ話を繰り返されるようになり、秘書の者が心配して、私に法話を代ってもらいたいという要請がありました。

急いで法話会場に行き、法話中の管主に「私が代って話をします」と述べると、「そうか」といって、私の話を黙って座ったまま聞いておられました。そして終わった時に、「それでは今日はここまで」と挨拶されました。元気な時の管主ならば、「暎胤が偉そうに私に代って話をするとは」などと、ジョークと嫌味を交えて話されたでしょう。しかしその時は静かに聴聞の方々に一礼して座を立たれました。

私の講演中に、すぐに医師を手配し入院の準備をしました。しかし管主は、

「病院などさらさら行こうとは思わない」と頑なに入院することを拒否されました。しかし強引に入院をすすめました。後日になって、その日の一連の状況を話しても、全く覚えておられなかったようです。軽い脳梗塞であったのです。一時は退院されましたが、最後は、平成十年六月二十二日に胆嚢ガンで逝去されました。享年七十四歳でした。

せめてもう五年、長生きしていただきたかったのです。そうすれば、平山郁夫画伯の壁画も見ていただけたし、大講堂の落慶式にも出仕していただけたのに残念なことでした。けれども、大衆教化や伽藍復興における功績は抜群で、長く薬師寺の歴史に刻まれることでしょう。

私は昭和二十五年に入山して以来、平成十年までの四十八年間にわたり、凝胤師尚同様に格別の信頼をいただき、管主・執事長として呼吸を合わせていろいろの仕事に携わらせていただいたことに感謝し、ご冥福をお祈りいたします。

あとがき

八十歳を迎えるに当たり、その記念に薬師如来について詳しく記述しようと思い、一年前の誕生日から執筆を始めました。

けれども書き終えてみると、お薬師さまのことばかりでなく、私の過去を振り返った自分史のようにもなりました。千三百数十年の法統を継ぐ寺の僧侶として、昭和・平成の時代を生きた証として、伽藍の復興を成し遂げた過程をも知っていただきたいと思いました。

本書の前半では、生い立ちの頃から小僧時代のこと、そしてお薬師さまの信仰面での教えや、宗教的なこと、歴史的なことに関して述べました。後半では、お薬師さまの信仰を深め広める布教の場でもある伽藍復興の姿を、寺の立場から記述しました。多くの人々の力を結集して成し遂げられた大事業のうちの一部の記録ですが、私はその歴史的な仕事に携わることができたことの幸せを感じています。

十二歳で入山し、橋本凝胤師尚に特に愛情をこめてご指導たまわり、高田好胤管主には二十九歳の若さで執事長に抜擢していただき、高田管主が在任中の三十一年間を執事長として、自由に采配を振るう役を与えていただきました。そして高田管主の遷化の後は、副住職を五年間、管主を六年間勤めました。僧侶として生き甲斐のある経験をさせていただきました。

また私は、若い時まだ海外渡航が自由にできなかった頃から、凝胤師尚と好胤管主の随行として世界の各地を旅し、見聞を広めさせていただきました。

凝胤師尚には、昭和三十三年のアメリカ、昭和三十六年のインド仏跡巡礼、そして昭和三十八年には宗教者平和使節団の団員として随行し、ローマ法王との謁見を始め、ヨーロッパ各地の宗教者と懇談の席に同席させていただきました。

好胤管主には、ソ連、アメリカ、ブラジル、インド仏跡、そして第二次世界大戦戦跡の慰霊、玄奘三蔵の足跡など数多くあります。今日までのインド仏跡と中国の旅を通算すると、インド仏跡を二十四回、玄奘三蔵関連の中国の旅は二十六回にもなります。

また昭和三十九年には、名古屋大学アフガニスタン学術調査隊の一員として、五か月間も寺を離れて、アフガニスタン、パキスタン、インド、ヴェトナムなどの国々を旅しました。

そのほかに、WCRP（世界宗教者平和会議）や日中韓国際仏教交流協議会などの役職に就き、宗教者として国際平和、国際親善に微力を尽くしました。

それらのことを、感謝の気持ちをもって顧み、過去の日記帳を繙いて多少の時間をかけて執筆もしましたが、分量が多すぎたことと、自分には得がたい思い出ではあっても、読者の方には興味のないことではないかと思い、旅の記述は割愛することにしました。

本書を通して、読者の方々がお薬師さまのことを知っていただくことが出来るならば、望外の喜びです。

現在は薬師寺の長老として、大局的な見地から慈悲の心を保ちつつ、仏道にさらに精進したいと考えています。

お薬師さまを始めとして、多くの方々に支えられて今日まで生かせていただいたことに改めて感謝し、「あとがき」といたします。

最後に、本書の刊行をご快諾いただいた春秋社の神田明会長、澤畑吉和社長、また編集にご尽力くださった佐藤清靖編集取締役、編集部の楊木希氏、ほかの皆様に感謝し擱筆いたします。

平成三十年一月八日

薬師寺長老

安田暎胤　合掌

安田暎胤（やすだ　えいいん）
1938年生まれ。1950年、12歳で出家、薬師寺に入山、橋本凝胤師の薫陶を受ける。1962年、龍谷大学大学院修士課程修了。宗教者平和使節団員として、ローマ法王との謁見を始め、ヨーロッパ各地の宗教者と懇談。1964年、名古屋大学学術調査隊員としてアフガニスタンを踏査。1967年、薬師寺執事長就任、高田好胤管主とともに伽藍復興に尽力し、2003年に薬師寺管主となる。現在、薬師寺長老。2008年、龍谷賞受賞、2011年、社団法人全国日本学士会よりアカデミア賞受賞。著書に『まほろばの心』（春秋社）ほか多数。

お薬師さまと生きる
二〇一八年二月九日　第一刷発行
二〇一八年三月一〇日　第二刷発行
著　者　安田暎胤
発行者　澤畑吉和
発行所　株式会社春秋社
東京都千代田区外神田二―一八―六（〒一〇一―〇〇二一）
電話〇三―三二五五―九六一一　振替〇〇一八〇―六―二四八六一
http://www.shunjusha.co.jp/
印刷所　萩原印刷株式会社
装　丁　本田　進
定価はカバー等に表示してあります
 ISBN978-4-393-13421-4